BUNTE
KOSMOS
TASCHEN
FÜHRER

Bunte Kosmos-Taschenführer

Kosmos · Gesellschaft der Naturfreunde
Frankh'sche Verlagshandlung · Stuttgart

Hans Haas / Heinz Schrempp

Pilze, die nicht jeder kennt

112 Pilze in Farbe

Kosmos · Gesellschaft der Naturfreunde
Franckh'sche Verlagshandlung · Stuttgart

Umschlag von Edgar Dambacher
unter Verwendung eines Farbfotos von Heinz Schrempp
Das Bild zeigt den Dreifarbigen Ziegenbart (*Ramaria formosa*)
Mit 112 Farbfotos von Heinz Schrempp

Franckh'sche Verlagshandlung, W. Keller & Co., Stuttgart - 1972

Printed in Italy - Lh 14 hm - ISBN 3-440-03883-1
Gesamtherstellung: Industria Grafica Atesina S.P.A. - Trento (Italien)

Die Tafelbilder sind zu lesen: links oben, rechts oben, links unten, rechts unten.

Pilze — mehr als nur ein Nahrungsmittel

Außer Pfifferling und Fliegenschwamm gibt es kaum einen Pilz, der jedem Sammler vertraut ist. Der Anfänger möchte die „wichtigsten" Arten kennenlernen. Vielleicht denkt er dabei nur an die großen, fleischigen, eßbaren Pilze. Wohnt er im Laubwaldgebiet, so fehlen die Arten des Nadelwaldes, sucht er im Tiefland Pilze, dann trifft er nie auf die Arten des Berglandes, und stehen seine Pilzwälder auf Kalkboden, so kommen ihm die Arten der Sand- und Moorböden nie zu Gesicht. Welche Pilze „wichtig" sind, wechselt demnach von Ort zu Ort. Sollten alle leicht kenntlichen damit gemeint sein, so wird alsbald klar, daß die Mehrzahl von ihnen zu den ungenießbaren gehört. Unsere Pilztaschenführer wenden sich nicht zuletzt an alle, denen das Aufstöbern und Bestimmen der bunten Waldkobolde Vergnügen bereitet, ob nun eine Pilzmahlzeit dabei herausspringt oder nicht. Der Orchideen- oder Vogelfreund beschäftigt sich mit seinen Lieblingen ja auch nicht, um sie aufzuessen.

Falls Sie als Anfänger in der Pilzkunde noch nicht über Pfifferling, Steinpilz und Reizker hinausgekommen sein sollten, dann wäre es ratsam, diese und andere „Anfängerpilze" an Hand unseres Kosmos-Taschenführers „Pilze in Wald und Flur" kennenzulernen. Im vorliegenden Bändchen finden Sie dann 112 weitere Arte in Farbaufnahmen, diesmal nicht nach Standorten angeordnet, sondern gemäß ihrer Zugehörigkeit zu den in der Systematik gebräuchlichen Familien. Kleine und mittelgroße Pilze konnten in natürlicher Größe wiedergegeben werden, während die großwüchsigen erheblich verkleinert erscheinen. Jede Pilzbeschreibung beginnt deshalb mit der Angabe von Breite und Höhe des Fruchtkörpers in Zentimetern. Es folgt eine standörtliche Kennzeichnung der Art, die meist so typisch ist, daß sie bei der Bestimmung vorrangig berücksichtigt werden muß. Der Text beschränkt sich im allgemeinen auf solche Merkmale, die dem Foto nicht entnommen werden können. Mehrmals wird auf Abbildungen aus „Pilze in Wald und Flur" verwiesen; die Zitate sind mit PWF abgekürzt.

Nicht wenige Pilze, die äußerlich sehr veränderliche oder wenig charakteristische Eigenschaften haben, können mit Hilfe eines Mikroskops rasch und sicher bestimmt werden. Wir haben trotzdem davon abgesehen, Merkmale, die nur mikroskopisch zu ermitteln sind, in die Beschreibungen aufzunehmen. Denn einmal besitzen die allerwenigsten Pilzamateure ein genügend leistungsfähiges Mikroskop, und zum anderen will das Herstellen geeigneter Präparate und das zuverlässige Ausmessen gelernt sein. Mit um so größerer Sorgfalt müssen beim Bestimmen nach den äußerlich wahrnehmbaren Kennzeichen alle in den Beschreibungen angegebenen Merkmale beachtet werden. Befolgen Sie daher den Rat, ein unbekannte Pilzart nur dann bestimmen zu wollen, wenn Sie von ihr mehrere Exemplare in verschiedenen Altersstufen in Händen haben. Wenn Sie eine Abbildung gefunden haben, die auf Ihren Pilz zuzutreffen scheint, dann vergleichen Sie bitte den Text; sollten eine oder gar mehrere Eigenschaften nicht zutreffen, dann liegt eben eine andere, wenn auch ähnliche Art vor. Man halte sich stets vor Augen, daß beide Bändchen zusammen mit ihren 224 Arten noch nicht einmal den fünfzehnten Teil der im deutschen Sprachraum Mitteleuropas vorkommenden sogenannten „höheren" Pilze enthalten. Auf einer mehrstündigen Pilzexkursion nach Regenwetter im August oder September, die durch Laub- und Nadelwälder führt, können Sie mit einer Ausbeute von 60 bis 150 Arten rechnen.

Von diesen werden Sie im ungünstigsten Fall 20%, im günstigsten die Hälfte nach unseren beiden Bändchen bestimmen können. Ziehen Sie dazu noch den Kosmos-Naturführer „Pilze Mitteleuropas“ von Haas-Goßner heran, dann erhöht sich die Zahl der Abbildungen auf 304, von denen 48 in den Taschenführern nicht enthalten sind. Nach den Bestimmungsschlüsseln und Kurzbeschreibungen lassen sich sogar gegen 600 Arten namentlich feststellen.

Die Frage der richtigen Namengebung ist reichlich kompliziert. Im deutschen Sprachraum werden je nach der Gegend für ein und dieselbe Pilzart verschiedene Namen verwendet. So heißt der Steinpilz in Österreich allgemein Herrenpilz, der Pfifferling in Oberschwaben durchweg Rehling. Andererseits werden Namen wie Grünling, Blaupilz, Saupilz, Fleischchampignon den verschiedensten Arten beigelegt. Zu Beginn des 20. Jahrhunderts haben sich daher Pilzforscher wie Edmund Michael, Eugen Gramberg und Adalbert Ricken um einheitliche deutsche Namen bemüht. Die Forderung, für jeden noch so unscheinbaren und schlecht unterscheidbaren Pilz einen treffenden deutschen Namen zu finden, ist nicht befriedigend zu erfüllen. Man ist gezwungen, langatmige Kunstnamen zu schaffen, und auch die Übersetzung der lateinischen Namen führt nur selten zu brauchbaren Ergebnissen. Wir haben die in der deutschen Literatur zumeist gebrauchten Namen verwendet und nur ausnahmsweise einen zweiten, ebenfalls gebräuchlichen hinzugefügt. Auf die wissenschaftlichen Namen konnte und sollte nicht verzichtet werden, wohl aber auf die oft umständlichen, dem Laien unverständlichen und zugleich uninteressanten Autorenzitate, die ja auch in den anderen Bändchen dieser Reihe bei Pflanzen- und Tiernamen weggelassen wurden.

Ein drängendes Problem der Gegenwart ist die zunehmende Bedrohung der Natur durch die menschliche Zivilisation.

Entlegene und schwer zugängliche Alpentäler oder Naturparke wie der Bayerische Wald mögen noch etwas von der Fülle an Blütenpflanzen, Singvögeln, Schmetterlingen und — Pilzen aus früheren Jahrhunderten bewahrt haben. Aber in den dichtbesiedelten Industriegebieten, den modernen Verkehrslandschaften, mit Insektiziden und Herbiziden vergifteten Fluren und Weinbergen und an den durch Müllablagerung und Abwässer verschmutzten Wasserläufen Mitteleuropas geht der Bestand an Pflanzen und Tieren rapide zurück, und es ist die Zeit nicht mehr fern, da selbst die „schädlichen“ Kohlweißlinge und Hamster zu den Seltenheiten zählen werden. Von dieser Umweltverschmutzung sind die Wälder in gleicher Weise bedroht oder bereits betroffen. Daß die beliebtesten Speisepilze in der Nähe der meisten Großstädte schon fast ausgerottet sind, ist allgemein bekannt, Das ständige Absammeln auch der kleinsten Fruchtkörper muß auf die Dauer zum Rückgang und Verschwinden der betroffenen Pilzarten führen. Bedrohte Pflanzen wie Küchenschelle, Seidelbast und Silberdistel sind durch Gesetz unter Schutz gestellt. Bewahren wir unsere Pilzflora wenigstens dadurch vor weiterer Verarmung, daß wir Speisepilze, die in unserem Sammelgebiet nur an wenigen Orten vorkommen, von der Verwendung in der Küche ganz ausschließen. Betrachten wir zudem die Kenntnis der Wuchsorte seltener Pilzarten als persönliches Geheimnis, dann tragen wir auch damit dazu bei, die Vielfalt der heimischen Pilzflora zu erhalten. In diesem Sinne wünsche ich ihnen für Ihre Streifzüge durch den Pilzwald guten Erfolg und viel Freude.

Hans Haas

Familie Röhrenpilze Boletaceae

Sommersteinpilz *Boletus aestivalis*
Mai—Aug. 12—22 / 10—18 cm. — Im Laubwald, besonders bei Buchen an lichten Stellen; mehr auf sandigen Böden. Hervorragender Speisepilz. — Vom „Steinpilz" gibt es mehrere Unterarten. Gemeinsam ist allen ein brauner Hut, unterseits mit weißlicher, im Alter grünlicher Röhrchenschicht, ein bauchiger bis gestreckter, oben feingenetzter Stiel und im Durchschnitt weißbleibendes, nußartig schmeckendes Fleisch. Der ähnliche, ungiftige, aber sehr bittere Gallenröhrling (PWF S. 30) ist ungenießbar. Keine andere Unterart erscheint so früh im Jahr wie der Sommersteinpilz. Manchmal liefert schon der Juni Massenernten. Kälterückfälle im Frühjahr oder Trockenheit im Frühsommer sind ihm sehr abträglich. Der hellbraune, feucht klebrige, trokken oft felderig aufreißende Hut, das sehr viel weichere Fleisch und der gebräunte Stiel trennen ihn von den anderen Steinpilzformen (PWF S. 8 und S. 30).

Silberröhrling, Sommerröhrling *Boletus fechtneri*
Aug.—Sept. 8—15 / 8—14 cm. — Vorwiegend bei Buchen an warmen, nicht zu trockenen Stellen. Ausgesprochen kalkliebend. — Den Standort hat dieser schöne und seltene Röhrling mit dem Satanspilz gemein. Ein Vergleich mit dem Bild in PWF S. 8 lehrt, daß sich beide von oben äußerst ähnlich sehen. Statt der prächtigen Blutrotfärbung überrascht die Unterseite des Silberröhrlings durch ihr intensives Gelb an Röhren und Stiel. Gestalt und Größe erinnern an den Steinpilz. Auch im Wohlgeschmack steht er diesem nicht nach, sollte aber unbedingt geschont werden. Das geschieht am besten dadurch, daß man sich mit dem ersten, dem Boden entnommenen und als etwas Besonderes erkannten Pilz begnügt und die etwa in seiner Nachbarschaft stehenden am Wuchsort beläßt. Man merke sich den Fundplatz: Da die Art standortstreu ist, wird man hier im nächsten feuchtwarmen Jahr nicht vergeblich nach ihr suchen.

Glattstieliger Hexenpilz *Boletus queletii*
Juli—Sept. 7—11 / 8—12 cm. — Nur unter Laubbäumen, auch an offenen, grasigen Stellen, wärmeliebend; auf Kalkboden, ziemlich selten. — Nicht jeder Röhrling, der im Anschnitt oder auf Druck blau anläuft, ist ein giftiger Satanspilz. Auch Hexenröhrlinge laufen rasch blau an. Ihr Hut kann braun, oliv oder ziegelrot sein; die Röhrenmündungen sind orange- bis purpurrot. Zeigt der Stiel eine feine Punktierung aus roten Flockenschüppchen, so liegt der Flockenstielige Hexenpilz vor (PWF S. 30). Eine rote Netzzeichnung deutet auf den Netzstieligen (PWF S. 8). Beide Arten sind häufiger als der Glattstielige, dessen Hut ziegelrote Töne, dessen meist schlanker Stiel abwärts außen und innen blutrote Färbung zeigt. Hexenpilze sind eßbar, können roh aber unbekömmlich sein. Vorsicht sei angeraten.

Porphyrröhrling *Porphyrellus pseudoscaber*
Juli—Okt. 8—15 / 7—12 cm. — Im Fichtenwald auf Sandboden, mehr in den Mittelgebirgen. — Die düster schwarzbraune Farbe reicht von der samtigen Hutoberfläche über die Röhrenschicht bis zum Stielgrund. Im Gegensatz dazu steht das weiße Fleisch, das an der Luft aber langsam rötlich und zuletzt grauviolett anläuft. Alle Röhrlinge entwickeln ihre mikroskopisch kleinen Sporen an den Innenwänden der Röhrchen. Der ausgefallene Sporenstaub, auf einem untergelegten weißen Blatt Papier aufgefangen, zeigt eine charakteristische Färbung. Ihr verdankt der Porphyrröhrling seinen Namen: Der purpurbraune Sporenstaub hat tatsächlich die Farbe bestimmter Porphyrgesteine. Für die Küche ist der Pilz ungeeignet, da er einen bitterlichen Geschmack behält.

Familie Röhrenpilze Boletaceae

Hasenröhrling *Gyroporus castaneus*
Aug.—Okt. 6—10 / 5—8 cm. — In Laubwäldern mit Eichen, auch in Parkanlagen; bevorzugt sandigen Boden und wärmebegünstigte Standorte. Eßbar. — Der Hasenröhrling ist einer der wenigen mitteleuropäischen Röhrlinge mit hell bleibender Röhrchenschicht. Seine Sporen sind nämlich hellgelb und können daher keine Umfärbung der Röhren verursachen. Ein gutes Artkennzeichen ist neben dem hellmaronenbraunen Hut der hohle Stiel. Eine zweite Art mit hohlem Stiel wächst nur unter Lärchen und heißt deshalb Hohlstieliger Lärchenröhrling. Der Hut ist stark rotbraunschuppig, der Stiel weißberingt. Beide Röhrlinge sind gute Speisepilze. Der Anfänger meide die rotporigen Röhrlinge, scheide durch eine Geschmacksprobe die bitteren aus, und es verbleiben ausnahmslos eßbare Röhrlinge von allerdings unterschiedlicher Qualität. Der sicherste Weg zur Pilzkenntnis bleibt: Art um Art nach ihren Kennzeichen kennen und unterscheiden lernen!

Elfenbeinröhrling *Suillus placidus*
Aug.—Okt. 5—10 / 6—10 cm. — Nur bei Zirbel- und Weymouthskiefern. Als Begleiter dieses fünfnadeligen Kiefern nicht selten. Eßbar, schmackhaft. — Dank seinem weißen Hut ist der Pilz sehr auffällig und an der roten Punktierung des schlanken Stiels leicht kenntlich. Unser Bild zeigt auch den Zapfen der Weymouthskiefer (auch Strobe genannt). Der Baum stammt aus Nordamerika, während die Zirbelkiefer (Zirbe, Arve) in den Alpen beheimatet ist. Der Pilz kommt in den Heimatgebieten beider Baumarten vor. Er lebt mit ihnen in Symbiose, indem sein Myzel die feinen Wurzelenden umspinnt und so die Mykorrhiza (Pilzwurzel) bildet, genau wie bei Goldröhrling und Lärche (PWF S. 32) und vielen anderen. Ob der Strobenpilz mit dem Baum aus Amerika kam oder von der Arve auf die Strobe überging, bleibt unentschieden. Nur Kulturversuche könnten darüber Aufschluß geben.

Schmarotzerröhrling *Xerocomus parasiticus*
Aug.—Okt. 4—7 / 4—8 cm. — Immer als Parasit auf dem Kartoffelbovist. — Der einer Kartoffelknolle ähnliche Fruchtkörper des Kartoffelbovists ist das Nährsubstrat für den Schmarotzerröhrling. Das Fadengeflecht (Myzel) des Parasiten durchwuchert das Innere des Bovists und führt zu Schrumpfungen, die man an der welligen Außenseite erkennen kann. Gleichzeitig wird die Reifung unterdrückt, die normale Schwarzviolettverfärbung erfolgt nur noch stellenweise und es bilden sich Höhlungen. Der Röhrling ist an seiner Bindung an die Bovistfruchtkörper leicht zu erkennen. Diese gehören in sandigen und moorigen Gegenden zu den häufigsten Erscheinungen, während der Röhrling nur selten, manchenorts überhaupt nicht gefunden wird. Als Eßpilz kommt er nicht in Frage.

Blutroter Röhrling *Xerocomus rubellus*
Juli—Okt. 4—7 / 5—7 cm. — An offenen, grasigen Waldstellen, an Straßenrändern unter Laubbäumen. — Dieser Pilz gleicht dem überall häufigen Rotfußröhrling, vom schönroten Hut abgesehen, so sehr, daß er auch schon als Unterart aufgefaßt wurde, zumal bei jenem Formen mit braunem Hut und roter Randzone vorkommen. Fraßstellen werden ohnehin langsam kirschrot. Es fällt daher nicht immer leicht, eine zweifelsfreie Bestimmung vorzunehmen. Sind die Hüte so schön rot wie bei unseren Pilzen auf dem Foto, dann sind alle Zweifel behoben. Auch das Blauanlaufen pflegt bei solchen Rothütern stärker ausgeprägt zu sein. Zur Unterscheidung von anderen roten Röhrlingen achte man auf den filzigen, nicht klebrigglänzenden Hut, die bald grünlich werdenden Röhren und den dünnen, glatten Stiel ohne Netzzeichnung. Die Eßbarkeit hat er mit dem Rotfußröhrling gemein.

Familie Kremplinge Paxillaceae

Erlenkrempling *Paxillus filamentosus*
Juli—Okt. 6—10 / 6—8 cm. — Stets in der Nähe von Erlen, daher an feuchten Orten; nicht selten. — Der Name Krempling ist den meisten Pilzfreunden wohlbekannt: In kaum einem Pilzbuch fehlt der Kahle Krempling, ein häufiger Pilz des Nadelwaldes mit Heidelbeeren, Haar- und Bleichmoosen. Mehr als früher wird auf die Standortsunterschiede geachtet, wodurch auch der Erlenkrempling als besondere Art erkannt wurde. Der etwas lebhafter gelbolivfarbene Hut besitzt angedrückte Faserschuppen, und auch die Lamellen sind mehr gelb- als braunoliv. Ihre Empfindlichkeit gegen Druck ist die gleiche: Sie werden sehr schnell schmutzigbraun. Im rohen Zustand sind Kahle Kremplinge als giftig erkannt worden. Erfahrungen über den ähnlichen Erlenkrempling liegen noch nicht vor. Man muß aber vor ihm warnen.

Familie Schmierlinge Gomphidiaceae

Kupferroter Gelbfuß *Chroogomphus rutilus*
Juli—Nov. 5—10 / 8—12 cm. — Kiefernbegleiter, gern auf Kalkböden. Eßbar. — Der Kupferrote Gelbfuß, auch Schmierling genannt, folgt den Kiefern auf alle Bodenarten, ist aber auf Kalk besonders häufig und erscheint selbst nach geringen Regenfällen. Die Kupferfarbe tritt meist erst im Alter deutlicher hervor. Die bald aschgrauen, zuletzt fast schwarzen, am Stiel herablaufenden Lamellen sind ebenso kennzeichnend wie der schleimige, anfangs Hut und Stiel verbindende Schleier, der am Stiel eine Art Ringwulst hinterläßt. Nimmt man noch das orangegelbe Stielfleisch hinzu, so kann der Pilz nicht verwechselt werden. Er ist gleich seinem etwas stämmiger gebauten Verwandten aus dem Fichtenwald, dem Großen Gelbfuß (PWF S. 44), eßbar und in Mischung mit festerfleischigen Speisepilzen gut zu verwerten.

Familie Wachsblättler Hygrophoraceae

Rasiger Purpurschneckling *Hygrophorus erubescens*
Aug.—Okt. 8—12 / 7—10 cm. — Im Fichtenwald, vorzugsweise auf kalkhaltigen Böden. — Die dicken, wachsartig aussehenden Blättchen der Hutunterseite verweisen den Pilz in die Familie der Wachsblättler, der schmierige Hut und die feinflockige Stielspitze (dies ist der obere Teil des Stieles) in die Gattung Schneckling. Für die Art ist das Gelbanlaufen bei Verletzung in Verbindung mit den weinroten Flecken bezeichnend. Unter Eichen kommt ein sehr ähnlicher Pilz, der Gefleckblättrige Purpurschneckling (PWF S. 14) vor. Er ist viel gedrungener und läuft nicht gelb an. Leider wird die Verwendung beider Pilze zu Speisezwecken durch eine leichte Bitterkeit des weißen, appetitlich aussehenden Fleisches beeinträchtigt.

Isabellrötlicher Schneckling *Hygrophorus poetarum*
Aug.—Okt. 8—16 / 7—12 cm. — Im Buchenwald auf sandigen und lehmigen Böden. Guter Speisepilz. — Schnecklinge bevölkern namentlich im Herbst in vielen oft schwer unterscheidbaren Arten die Wälder. Neben weißlichen, gelben, hellrötlichen gibt es gelbbraune und olivenfarbige. Unter ihnen gehört der Isabellrötliche Schneckling zu den ansehnlichen. Blaß fleischrötliche Hutmitte, weißliche Lamellen, die am oben flockigkörnigen Stiel bogig herablaufen, und die allen Schnecklingen eigene Schmierigkeit sind für die Bestimmung wichtige Merkmale. Er hat die angenehme Eigenschaft, zugleich ergiebig und wohlschmeckend zu sein. Als treuer Begleiter der Buche dürfte er an der Wurzelverpilzung dieses Laubbaumes beteiligt sein. Der Nachweis ist im Freiland schwer zu erbringen, da man die Pilze nicht nach ihren im Boden lebenden Fadengeflechten unterscheiden kann.

Scharfblättriger Schwärztäubling *Russula acrifolia*
Juli—Okt. 9—14 / 7—10 cm. Täublinge sind unschwer an ihren mürben, spröde splitternden Lamellen, dem bröckeligen, nicht in Längsfasern zerreißbaren Fleisch und oft an den lebhaft bunten Farben zu erkennen. Unser erstes Täublingsbeispiel läßt freilich jegliche Buntheit vermissen. Unter den weißen, rauchgrau bis schwärzlich werdenden Täublingen zeichnet sich unsere Art durch engstehende und zugleich scharfschmeckende Lamellen aus. Allgemein entscheidet bei Täublingen die Geschmacksprobe über ihre Eßbarkeit. Ein kleines Stückchen von einer Lamelle kurz zerkaut, schmeckt entweder ganz mild; der Täubling ist eßbar. Oder es schmeckt scharf; der Täubling ist nicht eßbar, wie z. B. der Scharfblättrige Schwärztäubling. Die Art kommt übrigens sowohl im Laub- als auch im Nadelwald vor.

Stachelbeertäubling *Russula queletii*
Aug.—Okt. 8—12 / 8—10 cm. — Nur unter Fichten und besonders auf mildem Humus über Kalk oder Mergeln. — Dieser Täubling schmeckt wie der vorige brennend scharf. Er taugt also nach der oben gegebenen Regel nicht für die Küche. Alle roten scharfen Täublinge hießen einst „Speiteufel". Man hielt sie für giftig; sie sind aber allenfalls unbekömmlich. Wer den Geruch von Stachelbeerkompott kennt, nimmt ihn auch beim Beriechen der Hutunterseite des Stachelbeertäublings wahr. Die rotviolette Färbung von Hut und Stiel zusammen mit der hellbuttergelben Lamellenfarbe sind überdies führende Merkmale. Nicht selten mischen sich grünliche Töne in die Hutfarbe, wie denn das Farbenspiel bei den meisten Täublingen sehr wechselnd ist und die Bestimmung dieser Pilze erschwert.

Blutroter Täubling *Russula sanguinea*
Aug.—Okt. 9—14 / 8—12 cm. — Kalkliebender Kiefernbegleiter. — Kiefern sind oft in Fichtenforsten eingestreut. Daher trifft man den Blutroten Täubling in solchen Mischwäldern oft in Gesellschaft mit dem Stachelbeertäubling an. Sein deutscher Name ist aus dem Lateinischen (sanguineus = blutrot) übersetzt. Er wurde beibehalten, obwohl es viele rote Täublingsarten gibt. Um den „Blutroten" von ähnlichen zu unterscheiden, muß man in seiner Nachbarschaft die Kiefer nachweisen, dann den hellroten Stiel und die blaßgelb werdenden, am Stiel sichelig herablaufenden Lamellen beachten und schließlich noch den scharfen Geschmack feststellen. Das Rot auf Hut und Stiel kann fast fehlen, der Geschmack kann fast mild sein. Darum sollte man Täublinge nur zu bestimmen versuchen, wenn sie in großer Zahl vorkommen, und es sich angewöhnen, stets mehrere Merkmale nachzuprüfen.

Zinnoberroter Täubling *Russula rosacea*
Juni—Okt. 10—15 / 8—12 cm. — In Laubwäldern häufig; auf allen Böden. — Der Hut und meist auch der Stiel dieses auffallend hartfleischigen Täublings zeigen ein intensives Zinnoberrot. Die Oberfläche kann teilweise oder ganz gelblich verblassen. Sie ist stets matt, fast samtig, bei feuchtem Wetter nicht glänzend. Das starre, poröse Fleisch schmeckt zunächst mild ohne jede Schärfe. Nach längerem Kauen macht sich ein arttypischer laugenhafter Geschmack bemerkbar, der immer stärker wird. Wer schon gedankenverloren am Bleistift nagte, kennt ihn gut, sofern der Bleistift aus Zedernholz hergestellt war. Der Pilz ist nicht einmal zum Mischen mit anderen Arten zu empfehlen, obwohl er dank seiner Widerstandsfähigkeit gegen Trockenheit einer der wenigen Pilze ist, die in regenarmen Zeiten Fruchtkörper zu bilden vermögen.

Familie Sprödblättler Russulaceae

Rotstieliger Ledertäubling *Russula olivacea*
Juni—Sept. 12—24 / 10—14 cm. — Ergiebiger Speisepilz im Laub- und Nadelwald, auf Ton-, Lehm- und Kalkböden. — Der Gigant unter den buntfarbigen Täublingen! Er ist kenntlich an seinen dicken, bei der Reife helldottergelben, leicht splitternden Lamellen, deren Schneide gegen den Hutrand hin dieselbe Rotlilafarbe zeigt wie der Hut selbst. Diesem ist gewöhnlich Gelb oder Olivgrün beigemischt; er kann aber auch ganz braunpurpurn oder ganz blaßgrün sein. Ein gutes Kennzeichen liefert das obere Stielende: Ein zartes Karminrot zieht sich vom Lamellenansatz mehr oder weniger weit abwärts. Zum Unterschied von anderen Ledertäublingen, die ebenfalls „leder"-gelbe Lamellen und bis zu 20 cm Hutdurchmesser besitzen, löst sich die Huthaut randwärts feinflockig auf, wodurch gewellte dunklere Flockenreihen entstehen. Eßbar sind diese mildschmeckenden Arten alle.

Brätlingstäubling *Russula violeipes*
Juli—Okt. 6—10 / 5—8 cm. — Im Nadel- und auch Laubwald, stets auf Sandboden, oft an und auf Wegen. — In typischer Ausprägung überrascht diese Art durch den Gegensatz zwischen schön rosalilafarbigem Stiel und olivgelbem bis zitronengrünlichem Hut. Julius Schäffer, der bedeutendste Täublingsforscher deutscher Sprache, benannte den Pilz nach dem Brätling, einem großen, orangebraunen Vertreter der Milchlinge. Beide riechen genau wie Wurstbrät. Das ist eine alte süddeutsche Bezeichnung für das Gemisch, das der Metzger in die Wursthaut einfüllt. Bekannter ist allerdings der Geruch nach Heringen, der auch einigermaßen auf den Brätling und damit auf den Brätlingstäubling zutrifft. Wie alle roh mild schmeckenden Täublinge kann auch die vorliegende Art Verwendung finden, am besten als Mischpilz.

Beißender Milchling *Lactarius pyrogalus*
Aug.—Okt. 6—9 / 4—7 cm. — Nur in der Nähe von Haselnußbüschen (*Corylus avellana*). — Milchlinge unterscheiden sich von Täublingen nur durch den Besitz von Milchsaft, der bei Verletzung in Tropfen austritt. Kirschrote, goldgelbe, violette, reingrüne Farben treten bei ihnen zugunsten graubrauner, ziegelroter, orangebrauner zurück. Am stärksten gleichen sich die weißen Arten beider Gruppen von Sprödblättlern. Der eingebürgerte Name Beißender Milchling wäre besser durch Haselmilchling zu ersetzen, da die meisten Arten scharfschmeckenden, „beißenden" Milchsaft führen. Bei unserer Art haften die trocken gewordenen Tröpfchen als Perlen an der dunkelgelben Lamellenschneide, was ihr auch den Namen Perlblättriger Milchling eingetragen hat. Außer auf die voneinander entfernten Lamellen achte man auf Haselbüsche in der Nähe.

Kleiner Duftmilchling *Lactarius glyciosmus*
Aug.—Okt. 3—6 / 5—7 cm. — Herdenweise unter Birken, auf bodensaurem moorigem oder sandigem Grund. — Kennzeichnend für diesen Milchling ist vor allem der angenehme Duft nach Kokosflocken. Konzentrische Zonen auf dem Hut kommen bei vielen Milchlingen vor, sind also kein Artmerkmal. Kleiner Wuchs, blaßlila bis graurötliche Farbe, weißbleibende, ziemlich scharf schmeckende Milch und der Standort unter Birken in Verbindung mit dem charakteristischen Geruch ermöglichen die Bestimmung. Manchenorts und namentlich in den Ländern Osteuropas werden nicht nur die durch den orange- bis karottenroten Saft leicht kenntlichen sogenannten Echten Reizker, sondern auch die weißmilchenden, scharfschmeckenden Arten gesammelt, gewässert, in Salz oder Essig eingelegt und als Bratpilze oder zu Pilzsalat zubereitet. Obwohl als giftig verdächtigt (Giftreizker, Mordschwamm!), haben scharfe Milchlinge noch nie gefährliche Vergiftungen verursacht.

Familie Seitlinge Pleurotaceae

Austernseitling *Pleurotus ostreatus*
März—Mai, Okt.—Dez. 8—15 / 3—7 cm. — Seitlich dachziegelig an absterbenden oder toten Stämmen und Stümpfen von Pappel, Esche, Ahorn, Buche und anderen Laubhölzern. — Bäume können auf die verschiedenste Weise geschädigt werden; Staunässe, Wasserentzug, zu starke Beschattung, plötzliche Lichtstellung mit direkter Sonnenbestrahlung, Nährstoffarmut des Bodens ebenso wie Luftverunreinigung schwächen die Lebenskraft, vermindern die Wuchsleistung und schaffen die Voraussetzungen für den Befall durch holzzerstörende Pilze. Ihre Sporen werden kilometerweit verweht und gelangen so in Wundstellen des Baumes, die durch Astbruch, Schleifspuren von umgestürzten oder abgeschleppten Stämmen, Schneedruck, Frostrisse, Blitzschlag, Schadenfeuer, durch Großwild, Vögel und Insekten entstanden sein können, nicht zu vergessen fahrlässige und vorsätzliche Beschädigung durch den Menschen. Wundstellen sind nämlich die Eingangspforten für Pilzsporen. Diese keimen aus und treiben ein sich stetig ausbreitendes Fadengeflecht in das Holz, das so mit der Zeit mürbe und brüchig wird. Auch der Austernseitling ist ein solcher Wundparasit. Der Pilz ist aber auch schon seit langem als guter Speisepilz bekannt. Der schiefergraue Hut, die weißen Lamellen und die Wuchsform schließen Verwechslungen aus. Er wird ebenso wie das Stockschwämmchen (PWF S. 58) nach der von W. Luthardt-Steinach (Thüringen) verbesserten Methode auf eingegrabenen Stammstücken in steigendem Umfang und mit bestem Erfolg gezüchtet. Straßenbäume werden wegen der Sichtbehinderung von den Überlandstraßen entfernt, alte Bäume in öffentlichen Anlagen müssen, wenn sie pilzbefallen und daher sturmgefährdet sind, rechtzeitig gefällt werden und auch die geregelte Forstwirtschaft läßt den parasitischen Holzpilzen nur noch geringe Möglichkeiten übrig. Um in unserer Kulturlandschaft einen über und über mit Austernseitlingen besetzten Baum zu entdecken, muß man also schon besonderes Finderglück haben.

Getigerter Knäuling *Panus tigrinus*
Apr.—Juli 3—7 / 4—7 cm. — Besonders in Auwäldern an den Stümpfen von Laubbäumen. — Der hübsch gezeichnete Getigerte Knäuling besitzt einen gut entwickelten, meist seitlich verschobenen und wegen des büscheligen Wachstums verbogenen Stiel. Die braunrötlichen Schuppenflecken auf dem Trichterhut, die im Alter stellenweise eintretende Zitronengelbverfärbung und der angenehme Geruch des zähen, daher nicht verwertbaren Fleisches geben gute Merkmale ab. Anders als der Austernseitling besiedelt dieser Pilz die toten Baumstümpfe, ist also nicht imstande, stehende, noch lebende Stämme zu befallen. Er gehört daher zum großen Heer der Saprophyten. Darunter versteht man jene Pilze und Bakterien, die ihre Nahrung aus Pflanzen- und Tierresten beziehen. Man nennt sie wohl oft Fäulnisbewohner; sie sind aber infolge ihrer stoffabbauenden Tätigkeit zugleich Fäulniserzeuger. Alle Pilze, seien sie nun parasitische Schmarotzer oder saprophytische Fäulniserzeuger oder symbiontische Lebenspartner, sind darauf angewiesen, daß ihnen die grünen Pflanzen das Nährmaterial beschaffen, denn nur diese sind imstande, aus mineralischen Stoffen der Erdkuste, Wasser und dem gasförmigen Kohlendioxid der Luft alle chemischen Verbindungen ihres Organismus herzustellen. Die dazu nötigen Kalorien entstammen der zugestrahlten Sonnenenergie; als ihr Vermittler dient der grüne Blattfarbstoff, das Chlorophyll. Durch den Vorgang der Photosynthese wird so in den grünen Blättern, solange sie belichtet werden, aus Wasser und Kohlendioxid Traubenzucker erzeugt, der Ausgangsstoff für alle anderen Pflanzenstoffe und damit für die Existenz aller blattgrünfreien Blütenpflanzen, aller Pilze und der gesamten Tierwelt.

Familie Seitlinge Pleurotaceae

Birkenknäuling *Panus conchatus*
Mai—Sept. 6—10 / 3—5 cm. — Gehäuft an Stümpfen von Birken und Buchen. — Baumstümpfe auf Schlagflächen im Laubwald lohnen sich für den Pilzfreund, wenn Jungwuchs die Stümpfe beschattet und feucht hält. Dann stellt sich häufig der Birkenknäuling ein. Die anfangs eingerollten Hüte sind schön violettrot und stark filzig, verlieren aber bald sowohl Farbe als auch Filz und sehen zuletzt mit ihrem schmutzigen Ledergelb so verändert aus, daß man eine andere Art vor sich zu haben glaubt. Der Pilz ist recht zäh und daher für den Genuß untauglich. Die Muschelform kommt im wissenschaftlichen Namen zum Ausdruck (conchatus = muschelartig). Anstatt der wörtlichen Übersetzung „Muschelknäuling" wird auch der Name Buchenknäuling verwendet. Pfarrer Adalbert Ricken (1850—1921), der beste Kenner und bedeutendste Erforscher der Blätterpilze zu seiner Zeit, unterschied noch die zwei Arten Birken- und Espenknäuling; es handelt sich jedoch sicher nur um Formen ein und derselben Art.

Aniszähling *Lentinellus cochleatus*
Juli—Okt. 3—7 / 4—8 cm. — Büschelig an Laubholzstümpfen. — Die rotbraunen, später verblassenden Hüte sitzen seitlich an ihren Stielen. Die weit herablaufenden Lamellen haben gezackte Schneiden, weshalb unsere Art und ihre Verwandten auch Sägeblättlinge heißen. Dem Pilz entströmt ein intensiver Anisduft, ein sicherführendes Merkmal. Daneben gibt es aber eine blassere, nicht so groß werdende Abart ohne Spur von Anisgeruch, die an den gleichen Orten wächst. Solche Unterschiede können auf äußeren Faktoren wie Feuchtigkeit, Temperatur oder chemischer Zusammensetzung des Nährsubstrats beruhen. In vielen Fällen liegt aber erbliche Verschiedenheit vor. Nur Kultur- und Züchtungsversuche können darüber eindeutig entscheiden.

Spaltblättling *Schizophyllum commune*
Jan.—Dez. 2—4 / 1 cm. — An lagerndem Laub-, seltener Nadelholz und an Stümpfen. — Dieser kleine, seitlich ansitzende Pilz ist während des ganzen Jahres zu finden. Die weißlichen Fruchtkörper erscheinen stets in größerer Zahl besonders in den Monaten Oktober bis April und bleiben dann dank ihrer Zähigkeit über die trockenheiße Zeit erhalten. Die grauviolettlichen Lamellen weisen eine Besonderheit auf, die sich bei keinem anderen Blätterpilz wiederfindet: Die Schneide einer jeden Lamelle spaltet sich etwa 1 Millimeter tief, und die so entstandenen Ränder rollen sich nach außen um. Der Pilz ist weltweit verbreitet; er ist Kosmopolit. Man kann ihn, wie alle holzbewohnenden Pilze, leicht auf künstlichem Nährboden aus Sporen keimfrei ziehen. In solchen „Reinkulturen" bildet das wie Watte aussehende Fadengeflecht (das Myzel) nach einigen Wochen im Kulturgefäß Fruchtkörper aus, die den im Freien gewachsenen durchaus gleichen.

Ohrförmiger Seitling *Pleurocybella porrigens*
Aug.—Okt. 4—9 / 2—4 cm. — An Nadelholzstümpfen im Gebirgswald. — Die reinweißen, vielfältig verformten Hüte des Ohrförmigen Seitlings ziehen im dunklen Tannenwald schon von weitem den Blick auf sich. Zum Unterschied von den lederigen Zählingen bleiben sie während ihrer ganzen Wachstumszeit weichfleischig und können daher zu Speisezwecken gesammelt werden. Aus seiner Verbreitung ist zu schließen, daß dieser Pilz auf hohe Luftfeuchtigkeit angewiesen ist. Offenbar verträgt das Myzel in den faulenden Baumstümpfen ein zeitweiliges Austrocknen nicht. Im dauerfeuchten Seeklima von Schottland konnte der Verfasser eine Massenentwicklung dieses Pilzes auf Stümpfen und Holzresten von Kiefern beobachten wie nirgends zuvor.

Familie Hellblättler Tricholomataceae

Olivgelber Holzritterling *Tricholomopsis decora*
Aug.—Okt. 4—8 / 4—6 cm. — Auf Nadelholzstümpfen in kleinen Büscheln. — Diese Art ist viel seltener als der nahe verwandte Purpurfilzige Holzritterling (PWF S. 54), da sie höhere Ansprüche an die Feuchtigkeit des Substrats stellt. Sie gleicht darin dem zuvor beschriebenen und abgebildeten Ohrförmigen Seitling, mit dem sie im Wald, kaum aber am selben Stumpf vorkommen kann. Früher stellte man die Art sogar zu den Seitlingen, da ihr Hut meist exzentrisch bis fast seitlich gestielt ist. Der anfangs geschlossene olivbraune Hutfilz wird beim Wachstum des Pilzes in schön regelmäßig verteilte haarige Schüppchen aufgelöst, zwischen denen die gelbe Grundfarbe, die auch den Lamellen und dem flockig geschuppten Stiel eigen ist, zur Geltung kommt. Als Eßpilze kann man die Holzritterlinge nicht gebrauchen.

Keulenfüßiger Trichterling *Clitocybe clavipes*
Sept.—Nov. 5—9 / 4—7 cm. — In Nadelwäldern, besonders unter Kiefern, auf kalkarmem Boden. — Man sieht nicht recht ein, warum ein gebuckelter Pilz Trichterling heißen soll. Maßgebend für die Zuordnung zur Gattung Trichterling (*Clitocybe*) ist aber das bogige Herablaufen der Lamellen am Stiel in Verbindung mit saftigem, weichem Fleisch und weißem Sporenstaub, den man erhält, wenn man den abgeschnittenen Hut einige Stunden auf — in diesem Fall farbigem — Papier „streuen" läßt. Zur Unterscheidung von ähnlichen Arten dient vor allem der keulige, lockerfleischige Stiel. Der Pilz ist eßbar; man sammle aber nur die schmackhaften jungen Pilze mit noch etwas eingerolltem Hutrand. An seinen Wuchsorten kommt er sehr zahlreich, in Reihen und Ringen angeordnet, vor und liefert bis in den Spätherbst ergiebige Ernten.

Gebuckelter Trichterling *Clitocybe gibba*
Juni—Okt. 5—8 / 5—7 cm. — Überall in Laub- und Nadelwäldern. — Der Gebuckelte Trichterling ist einer der häufigsten Vertreter seiner Gattung. Es gibt eine ganze Reihe sehr ähnlicher Arten. Daher ist es schwierig, für jede von ihnen einen passenden Namen zu finden. Da bei unserer Art der Buckel im Trichter auch fehlen kann, hat man den Namen Ockerbrauner Trichterling vorgeschlagen. Er kommt aber in ganz blaßgelben bis graubraunen Tönungen vor. Eine häufige Erscheinungsform zeigt unser Bild, und man ist geneigt, darin den „Typus" der Art zu sehen. Der Pilz liebt gehäuftes Fallaub, etwa in Waldstraßengräben, ebenso Nadelstreu, geht auch an grasige Orte, meidet aber bodensaure Wälder und ist daher auf Lehm- und Kalkböden besonders verbreitet. Der Geruch erinnert etwas an Bittermandelöl. Der Pilz ist zwar genießbar, jedoch nicht empfehlenswert.

Frostrasling *Lyophyllum fumosum*
Sept.—Dez. 5—12 / 7—12 cm. — An Wegrändern, grasigen Böschungen, in Gärten. — Raslinge sind Bewohner des offenen Geländes. Im Walde kommen sie seltener vor. Auch der Frostrasling hält sich an diese Regel. Aus gemeinsamer Basis drängen die gestielten Fruchtkörper in dichten Haufen hervor. Obwohl gelegentlich bis gegen 100 Hüte beisammenstehen, heben sie sich von der Umgebung gewöhnlich wenig ab und sehen zwischen den Grasbüscheln eher wie ein Haufen Steine aus. Im Durchschnitt sieht man ein weißliches, appetitliches Fleisch; da sein Geschmack angenehm mild ist, kommt die Ernte ganz gelegen, wenn die anderen Speisepilze den Herbstfrösten bereits zum Opfer gefallen sind. Sobald die Pilze schmierig und fleckig werden, ist das ein Zeichen dafür, daß sie selbst schon durch Frost geschädigt sind. Dann muß man eben auf das Einsammeln verzichten.

Tigerritterling *Tricholoma pardinum*
Aug.—Okt. 8—12 / 7—10 cm. — Im Laub- und Nadelwald, auf Lehm-, Mergel- und Kalkboden. Giftig! — Die Gattung Ritterling (*Tricholoma*) enthält allein in Mitteleuropa etwa 50 Arten, denen sich ebenso viele aus nahestehenden Gattungen anschließen lassen. Allen gemeinsam: Fleischiger, nicht röhriger Stiel, dünne, am Stiel ausgebuchtete, dadurch gemeinsam eine Art „Burggraben" bildende Lamellen, die einen weißen Sporenstaub absondern. Unter ihnen gehört der giftige Tigerritterling zu den graugeschuppten und kann daher leicht mit Erdritterlingen verwechselt werden (PWF S. 46). Der viel kräftigere Wuchs unterscheidet nicht so sicher wie die klaren Wasserperlen, die am Stiel unterhalb der Lamellen austreten und am frischen Pilz stets zu finden sind. Der deutlich wahrnehmbare Mehlgeruch kommt auch bei nichtgiftigen Ritterlingen vor, reicht also zur Artkennzeichnung nicht aus.

Fastberingter Ritterling *Tricholoma subannulatum*
Aug.—Okt. 7—11 / 6—8 cm. — Im Nadelwald, mit Vorliebe unter Kiefern auf sandigem Boden. — In der Serie fuchsroter, feucht schmieriger Ritterlinge, deren Unterscheidung oft recht schwierig ist, kann der Fastberingte Ritterling daran erkannt werden, daß die braunrote Stielfaserung gegen die weiße Stielspitze scharf abgesetzt erscheint. Unser Bild zeigt dieses Artmerkmal deutlich. Obwohl das feste weiße Fleisch sehr verlockend aussieht, muß vor den Ritterlingen mit schmierigen, rotbraunen Hüten gewarnt werden: Wiederholt wurde von Übelkeit und Darmstörungen nach dem Genuß dieser Pilze berichtet. Überdies sind sie wegen der meistens vorhandenen Bitterkeit abzulehnen.

Sellerieritterling *Tricholoma apium*
Juli—Okt. 7—12 / 5—8 cm. Im Nadelwald auf kalkarmem bis kalkfreiem Boden. — Der Pilz erhielt seinen Namen durch den verdienten Pilzforscher Julius Schäffer wegen seines markanten Geruches. Er gleicht etwas dem namentlich in Norddeutschland allgemein unter dem Namen „Grünling" bekannten und geschätzten Edelritterling, der ebenfalls im sandigen Kiefernwald wächst, aber ungleich viel häufiger gefunden wird. Beide sitzen versteckt im Moos, unter Nadeln oder Reisig, und beide sehen von oben einander sehr ähnlich. Die Lamellen des Sellerieritterlings sind aber nie so schön und rein gelb, sondern viel blasser, der Stiel besitzt bräunende Flockenschüppchen, die sich auch in der Hutmitte wiederfinden. Wegen seines starken Aromas kann er als Würzpilz verwendet werden.

Veilchenritterling *Tricholoma irinum*
Aug.—Okt. 8—13 / 7—11 cm. — In dicht bestandenen Hexenringen auf lehmigem und tonigem Boden, daher gern in Flußauen, aber auch in vergrasten Fichtenbeständen. — Eigentlich müßte der Pilz Irisritterling heißen, denn er riecht genau wie getrocknete Wurzeln von *Iris florentina*, einer Schwertlilienart. Mit dem Geruch des Märzveilchens hat das kaum etwas zu tun. Die fleischblasse Tönung des Hutes wird gegen den Rand hin von einem feinen Reif überlagert, während der Stiel eine netzig verbundene Längsfaserung zeigt. Alle diese Merkmale können schwach ausgeprägt sein. Dann kann der Pilz leicht mit Fälblingen verwechselt werden. Diese haben aber einen klebrigen statt nur feuchten Hut und hellbraune statt weiße Sporen. Der Veilchenritterling ist zwar eßbar, behält aber auch gekocht seinen modrigsüßlichen Geschmack, der nicht jedermann zusagt.

Familie Hellblättler Tricholomataceae

Butterrübling *Collybia butyracea*
Juli—Nov. 3—6 / 4—6 cm. — In größeren Trupps, vornehmlich in sandigen Nadel-, besonders Fichtenwäldern. — Rüblinge kann man als Ritterlinge mit Röhrenstiel kennzeichnen. Sie sind durchweg so dünnfleischig, daß sie nur geringen Nutzwert besitzen und darum bei den Pilzsammlern nicht beliebt sind. Der Name Butterrübling bezieht sich auf den Fettglanz des durchfeuchteten Hutes, dessen Rotbraun vom Weiß der dichtstehenden Lamellen absticht. Ein wichtiges Kennzeichen bietet der Stiel: Er ist zum Grunde hin wie keulig aufgeblasen und hier von einem sehr lockeren, watteähnlichen Geflecht erfüllt, während die Stielrinde viel fester ist. Eine mehr ins Graue gehende Abart mit heller Mitte und dunkler Randzone wird als Horngrauer Rübling unterschieden. Sie ist standörtlich weniger anspruchsvoll und daher weiter verbreitet als der Butterrübling.

Knopfstieliger Rübling *Collybia confluens*
Juli—Nov. 2—4 / 5—8 cm. — In Laub- und Nadelwäldern dicht gedrängt in Büscheln, oft in Hexenringen. — Der einzelne Pilz ist unansehnlich; aber die vielköpfigen Büschel können nicht unbemerkt bleiben. Ein langer, außen mit feinen Flöckchen überdeckter, blaßbrauner Stiel erweitert sich oben plötzlich zu einem Knopf, der noch deutlicher wird, wenn man den Hut vom Stiel löst. Ein weiteres gutes Merkmal besteht in der brettartigen Verbreiterung des Stieles, die wenigstens bei einem Teil der im Büschel vereinigten Pilze vorhanden ist. Rüblinge und andere dünnstielige Blätterpilze gehen mit den Wurzeln der Waldbäume keine Lebensgemeinschaft ein, wie sie bei Röhrlingen, Täublingen, Milchlingen und Ritterlingen üblich ist. Sie sind reine Humuszehrer; ihr Myzel wächst radial aus und liefert an dem sich ständig erweiternden Umfang alljährlich seine im „Hexenring" erscheinenden Fruchtkörper.

Rotstieliger Büschelrübling *Collybia acervata*
Juli—Nov. 3—6 / 5—10 cm. — Büschelig am Grunde stehender Nadelbäume oder an deren Stümpfen. — Der Standort an Holz unterscheidet den Rotstieligen vom Knopfstieligen Rübling schon hinlänglich. Er ist bedeutend seltener als dieser und fehlt auf weiten Strecken ganz. Der einzelne Pilz hat einen völlig kahlen, glatten, kräftig fuchsrot gefärbten Stiel, heller rötlichen Hut und sehr engstehende Lamellen. Andere Büschelrüblinge sind dunkelhütig oder weiß und nur schwach rotgefleckt oder sind Erdbewohner. Scheinbar nebensächliche Kleinigkeiten und nur mikroskopisch feststellbare Unterschiede müssen für die exakte Artbestimmung herangezogen werden, wenn man alle in einem Wuchsgebiet auftretenden Pilze richtig bestimmen will.

Brennender Rübling *Collybia peronata*
Aug.—Nov. 3—6 / 5—7 cm. — Im Humus der Laub- und Nadelwälder, gesellig. — Der Pilz kommt in den verschiedensten Huttönungen vor; nußbraun, olivgelb, ocker mit Lilastich. Trotzdem gibt es nach einer kleinen Geschmacksprobe keinen Zweifel mehr: Unter allen vergleichbaren schlankstieligen Blätterpilzen ist er der einzige, der auf der Zunge pfefferartig brennt. Was solche Proben betrifft, so präge man sich das Aussehen des Grünen Knollenblätterpilzes (PWF S. 16) genau ein. Wegen seiner lebensgefährdenden Giftigkeit muß man Geschmacksversuche mit ihm ganz unterlassen. Von allen anderen Pilzen kann man ein erbsengroßes Stück unbesorgt zerkauen, um es nach etwa einer Minute wieder auszuspucken. Ob nun Mehl-, Rettich-, Pfeffer-, Nußgeschmack oder was sonst immer festgestellt wird, man hat damit ein für die Bestimmung wertvolles, manchmal entscheidendes Kennzeichen ermittelt.

Familie Hellblättler Tricholomataceae

Stinkschwindling *Micromphale foetidum*
Aug.—Okt. 0,5—1 / 1—1,5 cm. — An Ästen und Stöcken von Laubholz, besonders Hasel. — Die Schwindlinge schließen sich unmittelbar an die Rüblinge an und sind mit ihnen durch Übergangsformen verbunden. In typischer Ausprägung übersteigt die Hutbreite kaum 2 cm, die Stiele sind sehr dünn, dunkelbraun und knorpelig zäh. Bei Wiederbefeuchtung des eingetrockneten Pilzes nimmt der Fruchtkörper die ursprüngliche Gestalt an, er „lebt wieder auf", was man aber nur bei jungen Exemplaren wörtlich nehmen darf. Unter ihnen ist der Stinkschwindling außer durch widerlichen Geruch durch die radiale Riefung des Hütchens ausgezeichnet. Der feinflockige Stiel ist nicht länger, als der Hut breit ist; die dunklen Lamellen haben eine blasse Schneide. Der Pilz kommt nur selten vor, am Wuchsort aber gewöhnlich in größerer Zahl.

Astschwindling *Marasmiellus ramealis*
Juli—Okt. 0,4—0,8 / 1—1,8 cm. — An dünnen Ästen und Reisig. — Der zierliche Astschwindling ist ein Spezialist auf Ästchen. Die hellen Hütchen mit blaßbrauner Mitte und das Vorkommen in Scharen machen den winzigen Pilz recht auffällig. Der meist gebogene, abwärts braune Stiel ist mit hellen Flöckchen besetzt. Wenige Stunden trockenwarmen Luftzuges genügen, um das Pilzchen zur Unkenntlichkeit einschrumpfen zu lassen. Man sieht es geradezu „schwinden". Der Name Schwindling ist also treffend gewählt. Und doch gibt es eine Unzahl anders gestalteter, noch viel kleinerer Pilze, die sich an der Aufarbeitung von Ästen, Blättern, Nadeln, Zapfen, Fruchthüllen beteiligen und zur „Humifizierung" beitragen. Ihre Fruchtkörper wachsen als Pusteln, Linsen, Becher, Zähnchen, alles im Millimeterformat, oder als häutige Überzüge mit glatter, poriger, gezähnter Oberfläche. Für ihr Studium ist das Mikroskop unentbehrlich.

Halsbandschwindling *Marasmius rotula*
Mai—Nov. 0,6—1,5 / 2—6 cm. Auf Ästen und Stümpfen sowie an Wurzeln von Laubhölzern. — Der Name Halsbandschwindling weist auf eine Besonderheit dieses hübschen weißen, elegant gekerbten Pilzchens hin. Von unten betrachtet sind nur so wenige Lamellen vorhanden als sich Kerben obendrauf befinden. Diese Lamellen sind vor Erreichen des Stieles miteinander verbunden, so daß ein Ring, das „Halsband", die Stielspitze umfaßt. Der Stiel geht von weißlich abwärts über rotbraun bis schwarz. Die kleinen Pilzbüschel erscheinen nach Regenfällen rasch, um bei Trockenheit ebenso rasch wieder zu verschwinden. Der nächste Regen läßt sie wieder aufquellen und weiterleben, bis ihre Lebenszeit von ungefähr 8 Tagen abgelaufen ist und sie der Zersetzung durch Bakterien und Schimmelpilze anheimfallen.

Saitenstieliger Knoblauchschwindling *Marasmius alliaceus*
Juli—Okt. 2—4,5 / 7—12 cm. — Vor allem in jüngeren Buchenbeständen, doch auch unter Fichten. — Der etwas umständliche Name für diesen langbeinigen Riesen unter den Schwindlingen wird verständlich, wenn man berücksichtigt, daß es gleich drei Arten mit aufdringlichem Knoblauchgeruch gibt, darunter eine viel kleinere, die unter dem Namen Mousseron als Würzpilz seit langem beliebt ist und am Wurzelanlauf der Fichtenstämme gefunden wird. Für den Saitenstieligen Knoblauchschwindling wird angegeben, daß er im Buchenwald stets mit dem auf der nächsten Seite beschriebenen Gelbmilchenden Helmling zusammen vorkomme. In Dänemark, wo beide Arten häufig sind, fand der Verfasser diese Angabe bestätigt, konnte sie aber z. B. in Süddeutschland nicht nachprüfen, weil ihm hier erst zwei Fundorte des Helmlings bekannt wurden.

Familie Hellblättler Tricholomataceae

Gelbmilchender Helmling *Mycena crocata*
Aug.—Okt. 1—2 / 5—8 cm. — In Buchenwäldern. Vielenorts selten. — Helmlinge sind durchweg schlanke, dünnstielige Blätterpilze von zarter bis mäßig zäher Beschaffenheit, mit kegeligem Hut, der sich später mehr oder weniger abflacht und dessen Lamellen weißen Sporenstaub abwerfen. Obwohl kein Giftpilz unter den etwa 120 (!) verschiedenen Arten bekannt ist, kommt kein einziger als Speisepilz in Betracht. Der Gelbmilchende Helmling sondert bei Verletzung einen stark färbenden Saft von der Farbe der gelben Krokusblüten ab. Dadurch ist er unter allen Helmlingen unverwechselbar festgelegt. Auf seine merkwürdige Vergesellschaftung mit dem Saitenstieligen Knoblauchschwindling wurde in der vorangehenden Beschreibung hingewiesen. Offenbar verlangen beide Arten genau die gleichen Standortsbedingungen, die aber längst nicht in allen Buchenwäldern gegeben zu sein scheinen.

Überhäuteter Helmling *Mycena epipterygia*
Aug.—Nov. 1—1,5 / 5—7 cm. — Im Laub- und Nadelwald; in der Moosdecke und zwischen Reisern. — Bei so artenreichen und dazu kleinwüchsigen Pilzgattungen, wie es die Helmlinge sind, fällt es schwer, für jede Art einen kurzen und zugleich treffenden deutschen Namen zu schaffen. Wer schon bis zur Unterscheidung seltener und schwer bestimmbarer Arten vorgedrungen ist, was bei Helmlingen nur an Hand von Gattungsmonographien und mit Hilfe eines guten Mikroskops gelingt, wird sich über kurz oder lang nur noch der wissenschaftlichen Namen bedienen, ein Verfahren, das freilich nicht jedermanns Sache ist. Überhäutet ist an unserem Helmling der gelbe Stiel, und zwar mit einer farblosen Schleimhaut, die dehnbar ist und sich mit zwei Fingern abheben läßt, ohne zu zerreißen. Daran ist der hübsche Pilz leicht zu erkennen.

Schleimfußhelmling *Mycena rorida*
Aug.—Nov. 0,2—1 / 1—4 cm. — In Scharen im Nadelhumus jüngerer Fichtenbestände. — Braungraue Hutfarbe mit blassem Rand und feinen Riefen darauf gibt es bei vielen Helmlingen. Aber bei keinem anderen findet sich eine so ausgeprägte, millimeterdicke Schleimhülle über dem Stiel, während der Hut nur feucht, nicht aber schmierig ist. Wenn die zweite Oktoberhälfte regnerisch und nachtfrostfrei bleibt, stellt sich in den Fichtenwäldern eine artenreiche Helmlingsflora ein. Da stehen wie gesät Hunderte von Klebrigen Helmlingen, dem Schleimfußhelmling sehr ähnlich, daneben eine Gruppe viel dunklerer Pilze, die beim Umwenden eine schön orangerote Lamellenschneide zeigen, zusammen mit dem Rosenroten Helmling, den wir im Bilde bringen, und dem nach Jodoform riechenden Kegelhütigen Helmling. Damit sind nur die häufigsten dieser Artengemeinschaft genannt. Graue Trichterlinge und bräunliche Rüblinge ergänzen das Bild, in dem die dicken Täublinge und Röhrlinge des Sommers fast alle fehlen.

Rosenroter Helmling *Mycena rosella*
Sept.—Nov. 0,8—1,5 / 4—5 cm. — Im Fichten- und Kiefernwald, scharenweise. — Wie die beiden vorher betrachteten Arten erscheint der Rosenrote Helmling erst spät im Jahr, manchmal und besonders in höheren Lagen erst, nachdem der erste Schnee wieder verschwunden ist. Der Pilz wird an seiner Rosenfarbe leicht erkannt. Der blasse Stiel sieht glasig aus und ist sehr zerbrechlich. Präpariert man eine der zarten Lamellen heraus, um sie von der Seite zu betrachten, so erkennt man deutlich, daß die Schneide kräftiger rot gefärbt ist als die Fläche. Gefärbte Lamellenschneiden gibt es bei mehreren Helmlingen; das Merkmal eignet sich gut zur Unterscheidung.

Familie Edelpilze Agaricaceae

Gartenegerling, Zuchtchampignon *Agaricus hortensis*
Mai—Okt. 6—12 / 5—8 cm. — Nesterweise auf Kompost, in dungreicher Erde. — Der Gartenegerling gilt als die wildwachsende Stammform des Zuchtchampignons. Egarte ist der alte Name für brachliegendes Land. Auf ihm siedelten sich die „Egartlinge" ebensogern an wie auf den benachbarten Wiesen und Weiden. Der Name schliff sich zu Egerling ab. Aber nicht der weiße Wiesenegerling (= Feldchampignon PWF S. 60), sondern der hier im Bilde wiedergegebene Gartenegerling ist die Stammform des Zuchtchampignons. Die Lamellen haben schon ihre charakteristische Altersfarbe angenommen, hervorgerufen durch das Heranreifen der braunvioletten Sporen. Am Stiel ist ein schmaler Ring erkennbar, der Rest einer häutigen Hülle, die anfangs Stiel und Hutrand verbindet. Die unter Dach in Beeten gezüchteten Kulturformen kommen als hochgeschätzte Delikateßpilze frisch und in Dosen konserviert auf den Markt.

Weinrötlicher Egerling *Agaricus semotus*
Juli—Okt. 3—6 / 5—7 cm. — Hauptsächlich im Fichtenwald auf mildem, nicht versauertem Nadelhumus. — Neben den begehrten weißen „Champignons", die im Walde nur vom erfahrenen Kenner gesammelt werden sollten, gibt es kleinere, gefärbte Arten, unter denen der Weinrötliche Egerling eine der zierlichsten ist. Eine lilaweinrot, feinschuppig auflösende Hutmitte und ein Chromgelbanlaufen berührter Stellen, dazu ein angenehmer Mandelduft, dem Anisgeruch der größeren weißen Waldbewohner unter den Egerlingen ähnlich, kennzeichnen die Art zur Genüge. Zum Unterschied von Schirmlingen mit weißbleibenden Lamellen ändern alle Egerlinge ihre Lamellenfarbe über rosa oder fleischfarben nach dunkelbraun und purpurschwarz ab. Der Weinrötliche Egerling ist eßbar; das Sammeln lohnt sich aber nicht.

Familie Schirmpilze Lepiotaceae

Kammschirmling *Lepiota cristata*
Aug.—Okt. 4—5 / 4—6 cm. — An grasigen und verkrauteten Stellen lichter Wälder. — Der Pilz wächst in kleinen Gruppen gesellig, gern unter Gebüsch oder dort, wo sich Brennesseln, Kriechender Günsel, Weidenröschen, Huflattich ansiedeln. Das sind Schutt- und Ödlandbesiedler; man nennt sie Ruderalpflanzen. Zu ihnen darf man einige Pilze rechnen, die dem geschlossenen Wald zwar nicht ganz fehlen, an Ruderalplätzen aber sichtlich besser gedeihen, so auch der Kammschirmling. Auf seinem weißen Hut heben sich die dunkelbraunen Schüppchen dekorativ ab. Wegen seines aufdringlichen, widerlichen Geruches heißt der Pilz auch Stinkschirmling. Genießbar ist er nicht.

Behangener Schirmling *Lepiota seminuda*
Juli—Okt. 0,7—1,4 / 1,5—2 cm. — Im Schotter und an Rändern von Waldstraßen. — Dieser winzige Schirmling erscheint oft an denselben Orten wie der Kammschirmling, ist also auch ein Ruderalpilz. Um ihn aufzuspüren, muß man die Krautvegetation am Wegrand zur Seite biegen. Hier hält sich die für so zarte Pilze erforderliche Feuchtigkeit am besten. Die Frage nach der Eßbarkeit erledigt sich angesichts der Zwergenhaftigkeit des Pilzchens von selbst. Besonders hübsch sieht das reinweiße, feinmehlige Hütchen dann aus, wenn es gerade aufgeschirmt am Rande einen Zackenkranz von anhaftenden Resten des Stielringes trägt. Sie fallen bei der geringsten Berührung ab oder bleiben am Finger als mehlige Flocken haften. Der abwärts fleischrosa getönte Stiel ist ein weiteres Kennzeichen zur Unterscheidung von anderen Zwergschirmlingen.

Königsfliegenpilz *Amanita regalis*
Juli—Sept. 12—16 / 10—15 cm. — Im Fichten- und Buchenwald. — Der Königsfliegenpilz steht dem gewöhnlichen, allbekannten roten Fliegenpilz so nahe, daß er auch schon als Abart zu diesem gestellt wurde. Er scheint in Nordeuropa nicht so selten zu sein; in Deutschland wird er sehr wenig gefunden, und man muß sich hüten, durch Sonneneinwirkung oder im Alter gelb gewordene Fliegenpilze für diese seltene Art zu halten. Die hellnußbraune Hutfarbe ist ihr von Anfang an eigen, die Hüllreste sind nicht weiß, sondern gelblich, später bräunlich. Auch der Rand der Stielmanschette und die warzigen Gürtel an der Stielknolle sind gelb; das Fleisch dagegen bleibt reinweiß mit Ausnahme einer schmalen Zone unter der Huthaut, wo es gelb ist. Das ist wichtig, weil der Königsfliegenpilz für den eßbaren Perlpilz gehalten werden könnte. Am Perlpilz werden verletzte Stellen stets langsam weinrot.

Stachelschuppiger Wulstling *Amanita echinocephala*
Aug.—Sept. 10—14 / 8—12 cm. — An wärmebegünstigten Standorten im Laubwald. — Dieser Wulstling gehört wie der vorige zu den Raritäten der mitteleuropäischen Pilzflora. Er ist in Südeuropa zu Hause und darum weiter nördlich auf die wärmsten Orte angewiesen. Man kennt Fundorte im Oberrhein- und Neckargebiet. Die spitzkegeligen Warzen auf dem Hut und die bald eigentümlich meergrünlich werdenden Lamellen kennzeichnen ihn gut. Als Speisepilz kommt er, abgesehen von seiner Seltenheit, schon wegen seines unangenehmen Geruches nicht in Frage. Seine schon vermutete Giftigkeit ist allerdings weder erwiesen noch widerlegt.
Die Wulstlinge, Angehörige der Familie Wulstblätterpilze, dürfen ein ganz besonderes Interesse beanspruchen, da sie mehrere tödlich giftige Arten enthalten. Wir haben im Bunten Kosmos-Taschenführer „Pilze in Wald und Flur“ sechs Wulstinge abgebildet und beschrieben: Es sind dies Grüner Knollenblätterpilz, Fliegenpilz (beide S. 16), Pantherpilz (S. 18), Porphyrfarbiger Wulstling (S. 34) und Scheidenstreifling (S. 36). In Haas-Goßner „Pilze Mitteleuropas“ sind außerdem Aquarelle vom Spitzhütigen und vom Gelblichen Knollenblätterpilz sowie vom Perlpilz wiedergegeben. Im vorliegenden Bändchen vermehren wir die Auswahl um zwei weitere Arten, womit insgesamt 11 der 23 in Mitteleuropa nachgewiesenen Wulstlinge bildlich dargestellt sind. Wie in praktischer Hinsicht nimmt die Gattung *Amanita* auch in der wissenschaftlichen Pilzkunde, der Mykologie, eine besondere Stellung ein. Die doppelte Hüllenbildung der Amaniten darf als Zeichen der höchsten Rangstufe in der Entwicklung der weißsporigen Blätterpilze gewertet werden. Auch die Tatsache, daß alle Amaniten an Waldbäume mit Wurzelverpilzung (Mykorrhiza) gebunden sind, sich also auch in ihrer Ernährung spezialisiert haben, deutet in die gleiche Richtung. Ebenso ist für die meisten Röhrlinge, Täublinge, Milchlinge, viele Ritterlinge und Haarschleierpilze die Bindung an lebende Waldbäume teils nachgewiesen, teils wahrscheinlich gemacht. Die Pilzgeflechte (Myzelien) dieser Arten umspinnen, wie schon kurz beim Elfenbeinröhrling ausgeführt wurde, die Saugwurzelenden ihrer Wirtsbäume. Diese „Mykorrhiza“ gestattet einen für beide Partner dieser Lebensgemeinschaft (Symbiose) vorteilhaften Stoffaustausch. Für den Pilz hat das aber dazu geführt, daß ohne Mykorrhiza keine Fruchtkörper mehr entstehen können. Daher findet man z.B. den Grünen Knollenblätterpilz bei Eichen, selten auch bei Buchen, den Fliegenpilz bei Birken, Kiefern und Fichten, den Goldröhrling ausschließlich bei Lärchen.

Schokoladenbrauner Kahlkopf *Psathyrella spadicea*
Sept.—Nov. 4—7 / 5—7 cm. — Dichtbüschelig am Grunde von Laub-, besonders von Straßenbäumen. — Der Pilz besitzt einen kahlen, glatten Hut. Im durchfeuchteten Zustand ist er dunkelbraun, wird daher beim Austrocknen von der Mitte her viel heller. Der Stiel ist weiß und ebenfalls glatt, ohne irgendeine Faserung. Dadurch weicht er von den Faserlingen ab, zu denen er neuerdings gestellt wird und unter denen es viele Arten mit überfasertem Hut oder wenigstens Hutrand gibt. Manche sind ihm zum Verwechseln ähnlich. Wie bei vielen Blätterpilzen liefert die Farbe des Sporenstaubs auch hier ein unterscheidendes Merkmal: Man lege den abgetrennten Hut für zwei Stunden auf weißes Papier und erhält einen hellbraunen, deutlich rot getönten Staub; bei typischen Faserlingen ist er purpurbraun, also wesentlich dunkler. Der Pilz ist übrigens eßbar, doch nicht besonders schmackhaft.

Behangener Faserling *Psathyrella candolleana*
Mai—Nov. 3—7 / 4—7 cm. — An Strünken und sonstigen Holzresten, oft außerhalb des Waldes. — Der Pilz heißt auch Lilablättriger Saumpilz oder ganz kurz einfach Candoll, abgeleitet vom wissenschaftlichen Namen, der sich auf den französischen Botaniker De Candolle bezieht. Er kommt viel häufiger als der vorige vor und fällt durch seinen weißen bis gelblichen Hut bei geselligem bis büscheligem Wachstum stärker auf. Die jungen Lamellen sind schön lila; sie werden durch die Sporen violettbraun. Der weißfaserige Behang am aufschirmenden Hutrand bleibt manchmal erhalten, bis der Pilz zu vergehen beginnt. Das kann schon drei Tage nach dem ersten Erscheinen eintreten, denn Pilze wachsen bekanntlich schnell, die Tintlinge und ihre Verwandten aber mit am schnellsten. Bei reichlichem Auftreten des Pilzes lohnt es sich, ihn einzusammeln; er ist aber sehr zerbrechlich.

Graublättriger Zwergtintling *Coprinus impatiens*
Aug.—Okt. 2—3 / 4—6 cm. — Im abgefallenen Laub an feuchten Orten. — Sosehr die großwüchsigen, langaufgeschossenen weißen Schopftintlinge auf Rasenplätzen und an Waldstraßen auffallen, so leicht übersieht man ihre zarten, kleinen Verwandten, die zwischen Blättern, Gras und Ästchen ein unscheinbares, vergängliches Dasein führen. Der Hut des Graublättrigen Zwergtintlings sieht wie ein kleiner Schirm aus, der eben aufgespannt wird. Zum tintenartigen Zerlaufen, das große Tintlinge selbst bei trockenem Wetter zeigen, kommt es bei den Zwergtintlingen gar nicht. Sie welken vielmehr rasch dahin, oft schon am Tage ihres Entstehens. Die meisten Arten sind schwierig zu unterscheiden.

Rasiger Zwergtintling *Coprinus disseminatus*
Mai—Okt. 0,5 / 2—4 cm. — Zu Hunderten auf Laubholz. — Kaum eine andere Pilzart bringt es fertig, in kurzer Zeit auf kleinem Raum eine solche Riesenzahl von Fruchtkörpern hervorzuzaubern wie der Rasige Zwergtintling. Dicht gedrängt stehen die Glockenhütchen nebeneinander, die jüngeren von gelblicher, die älteren von grauer Farbe. So schnell sie erscheinen, so rasch vergehen sie wieder. Ihr Nährsubstrat, das vermodernde Holz, kann im Lauf der Jahre mehrere Pilzgenerationen hervorbringen. Pilze haben sehr oft ihre leicht verwechselbaren Doppelgänger. So ist es auch hier. Unter den Faserlingen gibt es eine Art von gleichem Wuchs und ähnlichen, nur blasseren Farben. Auch sie wächst auf alten Stümpfen. Unter dem Mikroskop ist sie leicht zu erkennen; aber es gehört schon ein gutes Unterscheidungsvermögen dazu, beide Arten am Standort auseinanderzuhalten.

Familie Mistpilzverwandte Bolbitiaceae

Goldmistpilz *Bolbitius vitellinus*
Mai—Nov. 2—5 / 4—10 cm. — Auf verrottendem Heu und Stroh, im Grase an dungreichen Stellen. — Die schöne Eigelbfarbe des jungen Pilzes geht schon im Verlauf des ersten Lebenstages in ein blasses Gelbweiß über, wenn sich der feinliniert geriefte Hut geöffnet und verflacht hat. Der weiße schwankende Stiel zerbricht, sobald man ihn etwas unsanft anfaßt. Das hat er mit den Zwergtintlingen gemein, unterscheidet sich von diesen aber scharf durch die hellrostgelben Lamellen. Mehr als zehn dieses Pilze findet man selten beisammen, und oft genug entdeckt man nur Einzelexemplare, die so durchsichtig zart und so wenig gelb sind, daß man eine andere Art vermutet.

Familie Saumpilze Strophariaceae

Krönchenträuschling *Stropharia coronilla*
Juni—Okt. 4—6 / 4—7 cm. — Auf Wiesen nach dem Grasschnitt. — Der Krönchenträuschling gehört zu einer Gemeinschaft wiesenbewohnender Pilze, zu denen Wiesenegerling, Nelkenschwindling, Heudüngerling, Abgeflachter Stäubling und andere, dem Walde fremde Arten zählen. Manches am Krönchenträuschling erinnert an einen Champignon: Der gelbgetönte bis fast weiße Hut, die graulila werdenden Lamellen und der Ring am Stiel. Da der Pilz eßbar ist, kann diese Verwechslung nichts schaden. Beachtet man den feucht klebrigen, nicht seidigen Hut und die elegante Kerbung am schmalen Ring, so ist die Unterscheidung nicht mehr schwierig. Seit die Wiesen regelmäßig mit Kunstdünger bestreut und die Schafweiden aufgeforstet werden, geht die Menge der Wiesenpilze stetig zurück. Wer den Pilzartenreichtum von Bergwiesen erleben will, muß in die Alpen oder ins schottische Hochland reisen.

Flammender Schüppling *Pholiota flammans*
Aug.—Okt. 4—8 / 6—9 cm. — In kleinen Büscheln an Nadelholzstümpfen. — Dieser hübsche Pilz ist an seinen gelben Hutschuppen auf gleichfarbigem oder mehr orangegelbem Grund und dem gleichfalls gelben, sparrigschuppigen Stiel leicht zu erkennen. Die Oberfläche wird bei Regen nur feucht, nicht schmierig wie die anderer ähnlicher Schüpplinge. Die Lamellen geben einen rostfarbigen Sporenstaub ab, wohingegen der gleichfalls schuppige, aber dunkler gefärbte Hallimasch (PWF S. 54) weiße Sporen erzeugt. Für die Küche ist unser Schüppling nicht zu gebrauchen, da er bitter schmeckt.

Familie Rötlinge Rhodophyllaceae

Alkalischer Rötling *Rhodophyllus nidorosus*
Juli—Okt. 3—6 / 5—7 cm. — Gesellig im Laubwald, besonders unter Buchen. — Die Rötlinge haben ihren Namen von der fleischroten Farbe ihres Sporenstaubes. Dadurch sind sie von den ihnen oft sehr ähnlichen weißsporigen Ritterlingen und Rüblingen sowie von allen Braun- und Schwarzsporern unterschieden. Rotsporer mit Lamellen, die den Stiel nicht erreichen, gehören jedoch nicht hierher, sondern zu den Dachpilzen oder den seltenen Scheidlingen. Graue bis weißliche Rötlinge, darunter giftige und verdächtige, gibt es eine ganze Menge. Unter ihnen fällt der „Alkalische" durch einen Geruch auf, den man am besten mit dem von Salpetriger Säure vergleichen kann. Der Pilz wird außerdem am gleichdünnen, gerade aufsteigenden Stiel und dem frühzeitig abgeflachten, oft etwas genabelten Hut erkannt. Rötlingen gegenüber ist immer Vorsicht am Platze, auch wenn einzelne Arten nachweisbar unschädlich sind.

Gelbblättriger Zimthautkopf *Dermocybe cinnamomeolutea*
Aug.—Okt. 3—6 / 4—7 cm. In moosigen Nadelwäldern, weniger im Laubwald. — Der umständliche Name dieses sehr häufigen Pilzes deutet darauf hin, daß es viele Hautköpfe gibt, darunter solche mit Zimtfarbe, die aber nicht alle gelbblättrig sind. Das Namensproblem ist bei der ungeheuren Zahl mitteleuropäischer Haarschleierlinge besonders schwierig. Spezialisten unterscheiden mehr als 750 Arten! Man kann mit einiger Mühe den Gelbblättrigen gegenüber anderen Hautköpfen an den jung reingelben Lamellen, dem nie organgenfarbigen Stiel, dem zitronengelben Fleisch und dem leichten Rettichgeruch erkennen. Auf unserem Farbbild sieht man auf einem der Pilze die Reste des spinnwebartigen Schleiers, dem die Familie ihren Namen verdankt. Eßbar ist kein Hautkopf, wohl aber wurde erst neuerdings einer von orangefuchsiger Farbe als höchst gefährlicher Giftpilz erkannt!

Dunkelblutroter Hautkopf *Dermocybe anthracina*
Aug.—Okt. 2—4 / 4—6 cm. — In Nadelwäldern, selten. — Dieser Hautkopf ist von allen der am dunkelsten gefärbte. Eine fast schwarze Hutmitte geht zum Rand hin in ein prächtiges Dunkelblutrot über. Auch die Lamellen haben eine schöne Karminfarbe, die erst mit der Reife in das für alle Schleierlinge typische Rostbraun übergeht. Da der Schleier in spinnwebigen Resten im oberen Drittel des Stieles hängen bleibt, verfangen sich darin die von oben ständig herabsinkenden Sporen und geben durch ihre Anhäufung ihre Eigenfarbe kund, indem sie zugleich den Haarschleier markieren. Der Pilz bewohnt die gleichen Orte wie der vorige, ist aber viel seltener. Auch er ist vom Genuß auszuschließen. Man muß immer wieder davor warnen, Eßversuche mit unbekannten oder nicht genau unterschiedenen Pilzarten zu unternehmen, auch wenn der Anteil der Giftpilze an der Gesamtzahl viel kleiner ist als früher allgemein angenommen wurde.

Kegeliger Schleierling *Cortinarius humicola*
Aug.—Okt. 2—6 / 6—9 cm. — Im Laubwald, besonders bei Buchen. — Die Kegelform dieses Schleierlings ist ein gutes Erkennungszeichen, aber erst in Verbindung mit der sparrigen Schuppung des Stieles, der abwärts zugespitzt ist; ferner achte man schon am Fundort darauf, daß Buchen in der Nachbarschaft vorkommen und der Pilz auf dem Erdboden wächst. Angehörige der Gattung Rißpilz können ebenso schuppig sein, sind aber kleiner und besitzen vor allem keinen rostbraunen, sondern grauerdfarbenen Sporenstaub. Immer wieder muß auf die Wichtigkeit der Sporenfarben für eine exakte Pilzbestimmung verwiesen werden. Ebenso wertvoll ist es aber, wenn sich der Pilzfreund angewöhnt, alle Besonderheiten des Wuchsortes sofort genau zu untersuchen und schon unterwegs schriftlich festzuhalten.

Rotschuppiger Schleierling *Cortinarius bolaris*
Aug.—Okt. 4—6 / 4—7 cm. — Nur im Laubwald, vornehmlich auf sandigem Boden. — Trotz seiner Kleinheit gehört der Rotschuppige Schleierling zu den auffälligen Vertretern der Gattung. Die rote Hutsprenkelung auf blassem Grund, die sich auch auf dem Stiel fortsetzt, ist bei den Rostsporern schon etwas Besonderes. Das gilt auch für die chromorangegelben Flecken, die das weißliche Fleisch auf Druck bekommt. Was an anderer Stelle über die Mykorrhiza ausgeführt wurde, gilt auch für viele Schleierlinge. Wenn man feststellt, daß der Rotschuppige immer nur dort erscheint, wo in der Nähe Buchen stehen, so ist nach Analogie mit anderen Pilzen anzunehmen, daß zwischen Baum und Pilz eine für beide „Symbionten" nützliche Lebensgemeinschaft besteht.

Familie Haarschleierlinge Cortinariaceae

Anisklumpfuß *Cortinarius odorifer*
Aug.—Okt. 7—12 / 6—10 cm. — In Bergnadelwäldern auf kalkreichem Boden. — Der Name dieses ansehnlichen, schöngefärbten Pilzes hebt sein Hauptmerkmal hervor: Ein feiner Anisduft entströmt dem gelben Fleisch. Der kupferrote, frisch klebrige Hut und die gelbgrünen, später olivbraunen Lamellen sind weitere Eigenschaften, die den Pilz unverwechselbar machen. Schleierlinge mit einer gerandeten Stielknolle werden als Klumpfüße zusammengefaßt. Bei ihnen ist der blasse oder gefärbte Haarschleier (lateinisch: Cortina) besonders reichlich entwickelt. Man könnte ihn für richtige Spinnweben halten. Die Hexenringe, in denen der Pilz erscheint, enthalten mitunter weit über 50 Einzelpilze. Obwohl als eßbar geltend, kann diese Art wegen des süßlichen Gewürzaromas kaum empfohlen werden.

Olivgelber Schleimkopf *Cortinarius subtortus*
Aug.—Okt. 3—8 / 5—10 cm. — In moorigen Fichtenwäldern, gern in Torfmoospolstern. — Dieser Schleierling wäre mit seiner indifferenten Olivfarbe ungleich schwerer zu bestimmen als der vorige, besäße nicht auch er ein sicher führendes Kennzeichen, allerdings nur für den, der sich auf sein Geruchserinnerungsvermögen verlassen kann. Der Pilz riecht nämlich unverkennbar nach Weihrauch. Mit seinem gestreckten Stiel gehört er zwar nicht in die Gruppe der Klumpfüße, aufgrund des schmierigen Hutes aber zu den Schleimköpfen im engeren Sinn. Der Pilz ist höchst charakteristisch für vermoorte Fichtenwälder, im Randgebiet der Gebirgshochmoore eine regelmäßige Erscheinung und hier mit weiteren Charakterarten vergesellschaftet. Wegen seines leicht bitteren Geschmacks kann er in der Küche keine Verwendung finden, sieht auch nicht einladend aus.

Blaustieliger Schleimfuß *Cortinarius collinitus*
Aug.—Okt. 4—10 / 7—12 cm. — In Fichtenwäldern, auf saurem Boden bis in die Waldmoore. — Schleimfüße sind Schleierlinge, bei denen nicht nur der Hut, sondern auch der Stiel so stark schleimig ist, daß es bei regnerischem Wetter schwerfällt, den Pilz aus dem Boden zu ziehen oder auch nur festzuhalten. Der starke Glanz des frischen Pilzes ist auch auf unserem Foto deutlich zu erkennen. Vom sonst bei Schleierlingen üblichen Fadenschleier ist hier nichts wahrzunehmen, weil er gänzlich in dem zwischen Hut und Stiel ausgespannten Schleim eingebettet bleibt. Violette Stiele gibt es auch bei anderen Arten; doch ist bei diesen der Hut lilagrau oder braunoliv und nicht so kräftig fuchsigrotbraun wie der unseres Pilzes. Der Blaustielige Schleimfuß kommt an denselben Orten wie die vorige Art vor, geht aber auch auf trockenere Standorte. Er ist trotz seiner Schleimigkeit eßbar.

Knolliger Schleierritterling *Leucocortinarius bulbiger*
Aug.—Okt. 4—10 / 5—8 cm. — Im Nadelwald auf Lehm- und Kalkböden. — Wegen seiner blassen Sporen wurde der Pilz früher zu den Ritterlingen gestellt. Er hat aber genau die Gestalt und den Haarschleier der typischen Klumpfüße, so daß seine Einordnung in die Familie der Haarschleierlinge begründet ist. Pilze ganz allgemein, besonders aber Schleierlinge, reagieren empfindlich auf den Säuregrad des Humus, in dem ihre Myzelien vegetieren. Langsame Streuzersetzung wie die von Fichte, Kiefer und Buche bewirkt zunehmende Bodenversauerung; Tannen- und Lärchennadeln, Eschen- und Birkenlaub verrotten rascher, wodurch, namentlich über Lehm und Kalk, ein milder, nur schwach saurer oder gar neutraler Boden entsteht. Solche Unterschiede spiegeln sich in der Artenzusammensetzung der Pilzflora wider, ein lohnendes Beobachtungsfeld für den Naturfreund, der beim Pirschgang durch den Pilzwald nicht nur an den Kochtopf denkt.

Familie Haarschleierlinge Cortinariaceae

Olivbrauner Gürtelfuß *Cortinarius uraceus*
Juli—Okt. 2—5 / 3—6 cm. — In feuchten, moosreichen Nadelwäldern. — Alle Pilzforscher sind sich darüber einig, daß die unter dem Namen Gürtelfüße zusammengefaßte Untergattung der Schleierlinge mit ihren allein aus Mitteleuropa beschriebenen 160 Arten für die Abgrenzung und Bestimmung die größten Schwierigkeiten bietet. Davon ahnt der Pilzfreund nichts, wenn er einem solchen wäßrigen, honig-, gelb- oder olivblassen Vertreter begegnet. Durchwässert sehen diese Pilze ganz anders aus, weil die Huthaut so dünn ist, daß sie das Wasser durchtreten läßt. Man sagt, der Hut sei hygrophan. Von diesen schwer bestimmbaren Gürtelfüßen ist der Olivbraune besonders düsterfarbig. Er wird beim Vergehen vom Rand und vom Stielgrund her langsam schwarz. Von Gürteln am Fuß ist bei ihm kaum etwas zu bemerken.

Duftender Gürtelfuß *Cortinarius paleaceus*
Aug.—Okt. 1—4 / 3—6 cm. — Im Nadel- und Birkenwald, häufig. — Der Pilz fällt im Jugendzustand durch seine Bekleidung mit dichtstehenden, grauweißen Flockenschüppchen auf dem Hut und stielabwärts auf. Sie bilden sogar einen schmalen Stielring und, durch die Stielstreckung verursacht, mehrere schräg verlaufende Gürtel, die sich auf dem dunklen Grund wirkungsvoll abheben. Manchmal ist der Stiel oben deutlich violett. Das beste Merkmal ist jedoch der Geruch: Er gleicht genau dem der Blätter von Pelargonien (Zimmergeranien) und kann geradezu aufdringlich stark sein. Diese und die vielen ähnlichen Arten sind für die Küche völlig wertlos.

Eichelfarbiger Gürtelfuß *Cortinarius glandicolor*
Aug.—Okt. 3—5 / 4—7 cm. — Im Nadelwald, gesellig. — Die hellbraune Farbe einer Eichel nimmt dieser Gürtelfuß erst beim Austrocknen an. Feucht ist er wie alle typischen Verwandten viel dunkler. Der Hutrand ist von einem weißflockigen Belag gesäumt, und auch auf dem Stiel heben sich weiße Flockengürtel ab. Ein charakteristischer Geruch fehlt ihm. Es gibt eine ganze Reihe von mittelgroßen bis kleinen Gürtelfüßen mit allen nur denkbaren Braun-, Grau- und Lilatönen, mit und ohne Fasern an Hut oder Stiel, aber stets rostfarbenen Sporen. Selbst unter dem Mikroskop sind die Unterschiede meist so minimal, daß die Arten nur mit größten Schwierigkeiten gegeneinander abgegrenzt werden können. Zu ihrer Klärung wird noch viel geduldige und sorgfältige Spezialistenarbeit nötig sein.

Gefleckthlättriger Tannenflämmling *Gymnopilus penetrans*
Juli—Nov. 4—6 / 5—8 cm. — An Nadelholz, nicht selten. — Die Tannenflämmlinge erinnern durch ihre orange- bis zimtgelben Farben sehr an das bekannte Stockschwämmchen (PWF S. 58) und werden wohl auch oft dafür gehalten. Sie wachsen gebüschelt an Ästen und Stümpfen von Tanne, Fichte, Kiefer, Lärche. Die Lamellen der abgebildeten Art bekommen mit der Zeit rostähnliche Flecken, der Stiel ist angedrückt weißgefasert. Da das Fleisch bitter schmeckt, ist der Pilz ungenießbar. Das eßbare Stockschwämmchen wächst hauptsächlich auf Laubholz. Sein Stiel ist braunschuppig und trägt einen Ring. Der frische Hut besitzt eine charakteristisch durchwässerte, von der ockergelben Mitte abgesetzte Randzone. Tannenflämmlinge und Stockschwämmchen können auch mit Schwefelköpfen verwechselt werden. Schwefelgelber Stiel und grüne, dann braunviolette Lamellen trennen den sehr bitteren Grünblättrigen Schwefelkopf (PWF S. 58) leicht von beiden, während der eßbare Rauchblättrige unterseits weder grün noch rostgelb, sondern blaß strohgelb gefärbt ist.

Familie Haarschleierlinge Cortinariaceae

Errötender Rißpilz *Inocybe pudica*
Juli—Nov. 3—4 / 3—6 cm. — Im Nadelwald, nicht häufig. — Junge, noch nicht gerötete Exemplare des Errötenden Rißpilzes kann man für alles mögliche andere halten. Der stumpfkegelige, fein faserseidige, zuletzt auch schwach rissig werdende Hut und die sich tongrau verfärbenden Lamellen verraten aber doch bald den Rißpilz. Das langsame Rotanlaufen legt die Art noch nicht eindeutig fest, da es auch bei anderen Arten vorkommt. Der Stiel darf am Grunde nicht knollig verdickt, der Hut nicht spitz gebuckelt sein, sonst hat man es mit anderen Rißpilzen zu tun. Von den nicht rötenden gleicht ihm der viel häufigere Seidenrißpilz in hohem Maße. Der spitze Hutbuckel und das Auftreten in großen Scharen ermöglichen eine Unterscheidung.

Büscheliger Rißpilz *Inocybe umbrina*
Juli—Okt. 2—4 / 3—5 cm. — In bodensauren Nadelwäldern, im Bergfichtenwald häufig. — Je nach der Beschaffenheit der Hutoberfläche werden die Arten der Gattung *Inocybe* als Rißpilze, Wirrköpfe oder Faserköpfe bezeichnet; der letztgenannte Name ist die wörtliche Übersetzung von *Inocybe*. Von den Rißpilzen mit strahlig zerreißenden Hutfasern kommt unsere Art oft, aber nicht immer, in kleinen Büscheln vor, eine Ausnahme in dieser Pilzgattung. Der flache, oft graugetönte Hutbuckel und der am Grunde plötzlich in ein unterseits weißes Knöllchen verdickte Stiel erlauben eine Bestimmung, auch wenn man auf die Benützung des gerade für Rißpilze sehr wertvollen Mikroskops verzichten muß. Mehrere Arten sind stark giftig, darunter der berüchtigte Ziegelrote Rißpilz. Alle Rißpilze müssen daher als giftverdächtig betrachtet werden.

Falber Rißpilz *Inocybe posterula*
Juli—Okt. 2—4 / 3—7 cm. — Im Nadelwald, gesellig. — Für braunhütige Rißpilze in der Fachliteratur einen zutreffenden Namen zu finden, bereitet oft erhebliche Schwierigkeiten, weil die entscheidenden und unterscheidenden Merkmale sehr subtil sein können. Der Falbe Rißpilz hat eine mattbraune, zum Rand hin blassere Hutoberfläche, die feinfädig aufgelöst und radial angedrückt gefasert erscheint. Die Mitte kann auch kleinschuppig werden. Hellgraubraune Lamellen und ein blasser, fein weißbefaserter Stiel, an dem die sehr vergänglichen Schleierfäden nur im frühesten Stadium zu sehen sind, sind keine besonders markanten Eigenschaften. Auch der Geruch, der am treffendsten mit spermatisch bezeichnet wird, kommt bei vielen Rißpilzen vor. Unser Pilz stimmt am besten mit der Beschreibung und Abbildung überein, die Jakob E. Lange in seinem berühmten Werk „Flora Agaricina Danica" unter dem Namen *Inocybe posterula* gegeben hat.

Blaufüßiger Rißpilz *Inocybe calamistrata*
Aug.—Okt. 2—3 / 4—6 cm. — Nur in sandigen Nadelwäldern, vor allem im Bergland. — Der ganze Pilz ist stark dunkelbraunschuppig und deshalb leicht zu übersehen. Wie bei den Rißpilzen üblich, gibt es eine ganze Reihe ähnlicher Arten. Aber nur unsere hier abgebildete besitzt einen blaugrünen Stielgrund und ist daran sicher erkennbar. A. Ricken teilte die Inocyben in die oben beim Büscheligen Rißpilz erwähnten drei Gruppen, jede von ihnen in eine glattsporige und eine eckigsporige Serie. Der Büschelige wäre demnach ein eckigsporiger Rißpilz, der Errötende ein glattsporiger Faserkopf, der Falbe ein glattsporiger Rißpilz, der Blaufüßiger ein glattsporiger Wirrkopf. Die moderne Systematik kommt mit dieser vereinfachten Gruppierung nicht mehr aus, hat aber die beiden sporenverschiedenen Serien beibehalten.

Familie Borstenporlinge Hymenochaetaceae

Fleischigzottiger Rostporling *Inonotus hispidus*
Juni—Sept. 15—30 / 5—6 cm. — An lebenden Stämmen von Laubhölzern, besonders an Apfelbäumen. — Der Pilz erscheint im Laufe des Sommers gewöhnlich in 2 bis 3 Meter Höhe über dem Erdboden am lebenden Baum und wächst ziemlich rasch zur endgültigen Größe heran. Wegen der charakteristischen derben Zotten auf seiner Oberseite hat er auch den Namen Pelzporling erhalten. Das Innere besteht aus zähfleischigen, rotbraunen Fasern. Unterseits befindet sich eine genau senkrecht orientierte Schicht gelber Röhrchen, an deren Wänden über die Dauer von mehreren Monaten Millionen und Abermillionen von braunen Sporen gebildet und durch die Poren ins Freie entlassen werden. Während des lebhaften Wachstums sondert die Röhrenschicht reichlich Wasser in Tropfenform ab, das ihr vom weitausgebreiteten Pilzgeflecht im Holz zugeleitet wird. Im Alter sieht der Pilz wie verkohlt aus. Das befallene Holz ist die Nahrungsgrundlage für den Pilz, der als Parasit eine intensive Zerstörung bewirkt, sich aber jahrelang auf das tote Kernholz beschränkt. So kann das unter der Borke befindliche lebende Splintholz weiterhin der Stoffversorgung der Äste und grünen Teile dienen. Der Baum bleibt also am Leben und der Pilz kann jahraus, jahrein neue Fruchtkörper treiben. Während des Sommerhalbjahres wächst bekanntlich zwischen Borke und Splint ein neuer Jahresring hinzu. Weniger bekannt ist, daß gleichzeitig der innerste Splintholzring abstirbt und dadurch das Kernholz vermehrt wird. Damit wird aber dem Parasitenmyzel ständig neue Nahrung verfügbar. Das Holz wird von innen her morsch und krümelig-mulmig, so daß der kernfaule Baum erhöht sturmgefährdet ist. Es leuchtet ein, daß er nicht zu retten ist, auch wenn die Fruchtkörper entfernt werden. Bruch- und Rißstellen an gesunden Bäumen sind die Eingangspforten für die Sporen parasitischer Baumschwämme. Sie sollten schleunigst mit Baumwachs verschlossen werden.

Familie Porenpilze Poriaceae

Riesenporling *Meripilus giganteus*
Juli—Nov. 30—70 / 3—6 cm. — Am Grunde alter Laubbäume und an deren Stümpfen. — Keine noch so große Abbildung kann den imposanten Eindruck wiedergeben, den der Betrachter einer voll entwickelten Gruppe von Riesenporlingen empfängt. Konsolenartig übereinander aufgebaut haben sich die im Laufe eines Sommers herangewachsenen Hüte zu Dimensionen entwickelt, die von keinem anderen Pilz erreicht werden, wenn man von Riesenbovisten absieht, die ausnahmsweise zu Kugeln von über 70 cm Durchmesser werden. Aber es geht den Riesenporlingen wie den Riesenbovisten: Sie sind zu auffällig, um sich ungestört voll entwickeln zu können, und fallen der Zerstörungswut uneinsichtiger Spaziergänger zum Opfer. Unsere Aufnahme einer jungen Pilzgruppe zeigt ein wichtiges Merkmal nicht, da es sich erst im Alter oder bei Verletzung einstellt: Hutränder und Poren werden langsam braunschwarz. Die Substanz, zu Beginn so saftigweich, daß sie sogar gegessen werden kann, nimmt bald eine zähere Konsistenz an, wird aber nie so korkig hart wie bei anderen Baumschwämmen. Das Myzel baut den Holzstoff ab, bis nur noch weißer, bröckeliger Zellstoff übrig ist. Man nennt diese Form der Holzzersetzung Weißfäule. Der Pilz ist dabei auf ständige Versorgung mit Wasser angewiesen. Von alters her ist man im Hausbau deshalb auf den Trockenschutz des Holzes bedacht. In neuer Zeit imprägniert man das Holz mit pilzabweisenden oder pilztötenden Chemikalien (Fungiziden), ein Verfahren, das in wachsendem Umfange angewendet wird.

Familie Reischlinge Fistulinaceae

Leberpilz, Ochsenzunge *Fistulina hepatica*
Juli—Sept. 12—16 / 5—8 cm. — Am Grunde alter Eichen. — Einer der Pilze, die stets Staunen und Verwunderung auslösen, ist der Leberpilz. Er gleicht wahrhaftig einem Stück Rindsleber oder Ochsenzunge nach Form, Farbe und Fleischbeschaffenheit. Unter einer rauhen Oberfläche folgt eine wenige Millimeter dicke, gallertig verschiebbare Schicht, dann die Hauptmasse der safttriefenden, fleischroten, in Fasern zerlegbaren Substanz. Sie sondert am Rande und unterseits blutrote Tropfen ab. Die blaßrote Röhrchenschicht hat in sich keinen Zusammenhalt, weil die einzelnen Röhrchen seitlich nicht miteinander verwachsen sind, ein einzigartiger Fall unter den Porlingen und Grund genug, um den Pilz einer eigens für ihn geschaffenen Familie zuzuweisen. Er hat einen säuerlichen Geruch und ist schon seit langem als eßbar bekannt.

Familie Porenpilze Poriaceae

Schillernder Blättling *Daedaleopsis tricolor*
Jan.—Dez. 5—9 / 1—2 cm. — An Stämmen und Ästen von Laubhölzern, besonders an Kirschbäumen. — Die halbiert ansitzenden Konsolen des Schillernden Blättlings lassen beim Umwenden zunächst an einen Blätterpilz denken, da man hier Lamellen zu sehen bekommt. Doch stimmen Entwicklung und Bau des Fruchtkörpers mit denen der Porlinge überein, unter welchen es einige gibt, die sich fast nur durch ihre Porenschicht von ähnlichen Blättlingen unterscheiden. Der Schillernde Blättling sieht in bester Ausbildung mit seinen blutroten und braunen Zonen und weißem Rand sehr hübsch aus. Der Artname bezieht sich auf das grausilberne Schillern der Lamellenränder im Jugendzustand.

Birkenblättling *Lenzites betulina*
Jan.—Dez. 5—6 / 1—3 cm. — An Stümpfen und lagerndem Astholz von Laubbäumen. — Der Birkenblättling erscheint zwei bis drei Jahre nach der Fällung auf den Stümpfen von Buchen, Birken und anderen Bäumen. Die weißlich und hellgrau gebänderten Konsolen sind fein striegelhaarig. Oft sind mehrere Pilze dachziegelartig angeordnet. Das Wachstum geht so langsam vor sich, daß Luftalgen und Moose Zeit finden, sich in dem Filz der älteren Zonen anzusiedeln, so daß diese grün aussehen. Die Substanz ist korkig zäh, läßt sich aber zerreißen. Von oben zum Verwechseln ähnlich sind der etwa gleich große Striegelporling mit hellgrauen Poren und der viel größere, dickere Buckelporling mit gelbweißen, etwas radial in die Länge gezogenen Poren.

Zinnoberschwamm *Pycnoporus cinnabarinus*
Jan.—Dez. 3—7 / 1—3 cm. — An Ästen und Stümpfen verschiedener Laubhölzer, besonders an Birkenholz in Mooren. — Der Zinnoberschwamm ist unstreitig einer unserer farbenschönsten Porlinge und mit keinem anderen zu verwechseln. Die Nachfrage nach Brennholz hat in den letzten 20 Jahren ständig nachgelassen; deshalb bleiben nach den Durchforstungen Äste, Reisig und Baumgipfel größtenteils im Walde zurück. Das hat die Bedingungen für holzzerstörende Pilze sehr verbessert. So ist auch der Zinnoberschwamm in den letzten Jahren entschieden häufiger geworden. Von Porlingen und anderen korkigen Pilzen läßt sich bequem eine Sammlung anlegen. Man braucht sie nur völlig auszutrocknen; sie behalten Farbe und Form fast unverändert. Man bewahrt sie in luftdicht verschließbaren Plastikbeuteln auf, in die man Zettel mit Funddatum, Fundort, Substrat und Findernamen einlegt, dazu etwas Globol gegen Käfer- und Mottenfraß.

Familie Erdporlinge Scutigeraceae

Schafporling *Albatrellus ovinus*
Aug.—Okt. 5—12 / 6—9 cm. — Im Nadelwald, in Hexenringen, besonders auf Kalkboden. — Trifft man im Nadelwald auf einen dichtbestandenen Hexenring weißlicher bis gelbstichiger Pilze von unregelmäßiger Kreiselform, so denkt man vielleicht zuerst an den allbekannten Semmelstoppelpilz. Statt der unterseits erwarteten gelblichen Stachelchen entdeckt man hier nadelstichfeine Poren, die Mündungen nur wenige Millimeter langer Röhrchen. Diese laufen ein Stück am erweiterten Stiel herab. Das Fleisch läßt sich leicht zerbrechen. Bruchstellen laufen gelb an. Man könnte ihn allenfalls mit dem Semmelporling verwechseln, einem kräftigeren, ockergelben, zu Fruchtkörperverwachsungen neigender Pilz des Nadelwaldes auf Sandboden. Beide Porlinge sind eßbar, werden aber oft mit der Zeit bitter.

Familie Stachelschwämme Hydnaceae

Scharfer Korkstacheling *Hydnellum diabolus*
Aug.—Okt. 4—8 / 4—6 cm. — Unter Fichten und Kiefern, in Hexenringen. — Einen wahrhaft überraschend schönen Anblick bieten die jungen Fruchtkörper des Scharfen Korkstachelings, wovon unser Foto Zeugnis ablegt. Blutrote Tropfen, die der wachsende Pilz zahlreich austreten läßt, heben sich vom schneeweißen Pilz dekorativ ab. Die Substanz ist korkig zäh und rostbraun wie bei manchen Porlingen; doch statt der Röhrchen finden wir kurze, roströtliche, blaßspitzige Stacheln. Der beim Zerkauen wahrnehmbare scharfe Geschmack und der anfangs rein weiße Filz trennen, nach Maas-Geesteranus, die Art von bisher verwechselten oder nicht unterschiedenen Verwandelten. Korkstachelinge sind allgemein selten. Findet man aber einmal eine Art, dann ist sicher eine zweite und eine dritte ganz in der Nähe, ein Beweis für die erstaunliche Übereinstimmung ihrer Standortansprüche.

Orangegelber Korkstacheling *Hydnellum aurantiacum*
Juli—Sept. 4—8 / 5—7 cm. — Unter Kiefern auf Kalkboden, in Hexenringen. — Der ganz junge Pilz sieht zunächst wie eine weiße, filzige, oben abgeflachte Keule aus. Bald wird er mehr kreiselförmig, indem der Rand auswächst und im Wege stehende Gräser und Ästchen einschließt. Die Mitte wird höckerig und nimmt eine schön orangegelbe Farbe an. Im Längsschnitt werden etwas bogig querverlaufende hell- bis rostgelbe Zonen sichtbar. Das Foto sieht nach einer Aufnahme im Fichtenwald aus. Das trifft auch zu. Genaue Beobachtung an allen Fundplätzen lehrt, daß stets auch einige Kiefern in der Nähe stehen. Welcher Art die Beziehung dieser und anderer regelmäßig am selben Fundplatz vorkommender Korkstachelinge zur Kiefer ist, bedarf noch der Erforschung. Jeder Pilzfreund kann durch genaue Beobachtungen zur Klärung solcher Fragen seinen Teil beitragen.

Violettlicher Stacheling *Sarcodon violascens*
Aug.—Okt. 5—8 / 5—8 cm. — In Nadelwäldern; selten. — Im Gegensatz zu den beiden oben beschriebenen Korkstachelingen läßt sich das Fleisch des Violettlichen Stachelings leicht zerbrechen. Es ist blaßlila, im Stiel gebräunt und schmeckt mild. Trotzdem und vor allem wegen seiner Seltenheit kommt der Pilz für Speisezwecke nicht in Betracht. Er ist durch die blasse Violettfarbe und den staubigmehligen Hut hinreichend gekennzeichnet. Dennoch weiß man wenig über seine Verbreitung, nichts über seine ökologischen Ansprüche, d.h. über die Eigenschaften von Boden, Lokalklima, Begleitvegetation, die zu seinem Gedeihen erforderlich sind.

Familie Leistenpilze Cantharellaceae

Krauser Kraterpilz *Craterellus crispus*
Sept.—Okt. 1—2 / 3—4 cm. — Gruppenweise und kleinbüschelig im Laubwald. — Der Krause Kraterpilz sieht aus wie eine Kleinstausgabe der Herbsttrompete (PWF S. 26), mit der er auch nahe verwandt ist. Die Farbe ist nicht so schwarzgrau, sondern mehr hellkaffeebraun bis aschgrau, der Trichterrand stark wellig verbogen. Unterseits ist die schwachrunzelige Außenwand von den blassen Sporen mehlig bestäubt. Es fehlen also alle flächenvergrößernden Einrichtungen, als die wir die Lamellen, Röhren, Stacheln der Hutpilze betrachten müssen. Andere Angehörige dieser primitiven Pilzfamilie besitzen bereits aderig verzweigte Leisten, wofür der gewöhnliche Pfifferling das beste Beispiel ist. Der Krause Kraterpilz ist viel zu klein, als daß er praktische Bedeutung haben könnte.

Familie Keulenpilze Clavariaceae

Goldgelbe Keule *Clavulinopsis luteoalba*
Aug.—Okt. 0,3—0,5 / 4—6 cm. — In Laubwäldern; auch im Grase der Waldränder. — Wäre nicht die schöne Dotterfarbe und das Büschelwachstum, so würde man diese überaus einfach gebauten Pilze in der Laubstreu und zwischen den Waldkräutern kaum finden. Das Innere der Keule ist ebenfalls gelb. Der Pilz ist sehr brüchig und zart, so daß er nur auf lehmigem, nicht leicht austrocknendem Boden und während sehr feuchter Witterungsperioden zur Entwicklung kommen kann. Viel häufiger, dauerhafter und auffälliger ist die vergleichsweise riesige Herkuleskeule (PWF S. 24), die wegen ihres bitteren Geschmacks nicht als Eßpilz empfohlen werden kann. Die Sporen werden bei diesen Pilzen einfach auf der gesamten Oberfläche der Keule gebildet.

Röhrige Keule *Clavariadelphus fistulosus*
Sept.—Okt. 0,3—1,2 / 7—25 (!) cm. — Auf dünnen Ästen im abgefallenen Laub. — Die Röhrige Keule hält einen besonderen Rekord: Kein anderer Pilz ist bei solcher Länge so dünn, und doch steht sie aufrecht im Walde, ohne umzuknicken. Am Wuchsort stehen wohl immer viele zerstreut, aber man bemerkt zunächst nur eine oder zwei, da sie sich von der Umgebung wenig abheben. Dann sieht man plötzlich eine ganze Menge davon, als wären sie eben erst in Sekundenschnelle hervorgezaubert worden. Die Keulen sind stielrund oder abgeflacht, oben abgerundet oder zugespitzt, sogar mit Ansätzen zur Gabelung. Längs halbiert erweisen sie sich großenteils als hohl. Elias M. Fries, der bedeutendste Pilzforscher, Begründer der Mykologie im 19. Jahrhundert, gab dem Pilz schon vor 150 Jahren den wissenschaftlichen Namen *fistulosa*, die Röhrige.

Wurmförmige Keule *Clavulina vermicularis*
Juli—Okt. 0,2—0,5 / 5—8 cm. — An grasigen Orten, auf Waldwiesen, büschelig. — Da die Pilze meist im höheren Gras stehen, sind sie nicht so leicht zu finden. Die einzelne Keule ist verbogen, oft verdreht, manchmal rinnig gefurcht und am Ende zugespitzt. Beim Antrocknen wird sie hier dunkelbraun. Das Fleisch ist sehr brüchig; es gilt als eßbar, lohnt aber das Sammeln nicht. Keulenpilze sind keineswegs leichter zu bestimmen als etwa Täublinge oder Milchlinge. Als Fundbelege sind sogenannte Exsikkate wichtig. Man braucht die Pilze nur bei etwa 50 °C zu trocknen und die Funddaten beizulegen; dann können nachträglich alle für die Bestimmung erforderlichen mikroskopischen Untersuchungen vorgenommen werden. Wenn die Pilze vor dem Trocknen gar noch farbig fotografiert wurden, steigt der Wert der Belegstücke beträchtlich.

Familie Keulenpilze Clavariaceae

Ockergelber Ziegenbart *Ramaria invalii*
Aug.—Okt. 3—6 / 3—8 cm. — Im Nadel- und Laubwald, gesellig und in Reihen oder Ringen. — Ziegenbärte sind mehrfach verästelte Keulen. Die Verästelung beginnt beim Ockergelben Ziegenbart schon unmittelbar über dem Grund. Die Enden laufen in kurze, meist zugespitzte Zähnchen aus. Ihre Farbe ist rein gelb, die des Fruchtkörpers sonst mehr trübocker. Beim Herausheben aus der Nadel- oder Laubstreu bemerkt man ein Büschel feiner, sich verzweigender weißer Myzelstränge, die vom Pilz her ausstreichen und die Humusteilchen, Nadeln und Blätter dicht verfilzen. Sie heißen Rhizoiden, was soviel bedeutet wie wurzelähnliche Bildungen, und dienen der Befestigung und der Wasserversorgung. Ob die Hexenringbildner unter den Ziegenbärten reine Humuszehrer sind oder in anderer Weise von den Waldbäumen abhängen, ist noch nicht erforscht. Der Ockergelbe Ziegenbart ist genießbar, doch ziemlich zäh und daher schlecht verdaulich.

Dreifarbiger Ziegenbart *Ramaria formosa*
Juli—Okt. 10—18 / 9—16 cm. — Im Laub- und Nadelwald, in Reihen und Ringen; häufig. — Ein schöner und gewichtiger Pilz. Jung sieht er einem Blumenkohlkopf ähnlich, und der vollfleischige, weiße Strunk mit den orangerosa gefärbten Ästen verspricht eine gute Ernte. Damit ist es aber leider nichts, denn die meisten Menschen reagieren nach dem Genuß dieses Pilzes mit Darmkolik und Durchfall. Andere bleiben dabei, er sei ein vorzüglicher Speisepilz, der ihnen noch nie geschadet habe; sie verwendeten ihn schon seit Jahren. Es gibt drei weitere, nicht immer gut unterscheidbare Ziegenbärte, den Schwefelgelben (PWF S. 26) und den Goldgelben, die nach allgemeiner Erfahrung einwandfrei eßbar sind, sowie den Bleichen Ziegenbart (PWF S. 24), der als „Bauchwehkoralle“ übel beleumundet ist. Wer die Arten nicht haarscharf unterscheiden kann, verzichtet lieber auf diese Sorte von Blumenkohl.

Traubenziegenbart *Ramaria botrytis*
Juli—Sept. 9—15 / 8—13 cm. — Hauptsächlich in Laubwäldern, gern an lichten, wärmeren Stellen. — Der junge Pilz entwickelt auf massivem, fleischigem Strunk von unregelmäßiger Knollengestalt dichtgedrängte, prächtig rote Äste, die sich von wenigen Millimetern auf mehrere Zentimeter verlängern. Dabei verblassen sie so sehr, daß der auch unter den Namen Bärentatze und Korallenpilz volkstümliche Speisepilz immer mehr seinem Doppelgänger, dem Bleichen Ziegenbart (PWF S. 24), ähnlich wird und damit Anlaß zu unangenehmen Verwechslungen gibt. Wer trotzdem nicht auf ein Gericht aus Bärentatzen verzichten will, beschränke sich auf die jungen, intensiv rotästigen Stücke und lasse alle bleichgelben mit blaßlila getönten Endästchen stehen.

Familie Erdrindenpilze Phylacteriaceae

Stinkende Lederkoralle *Phylacteria palmata*
Juli—Nov. 4—7 / 3—5 cm. — Im Nadelwald auf Sandboden, in Moospolstern, zwischen Heidekraut und Heidelbeeren. — Der Name dieses am Waldboden schlecht sichtbaren Pilzes läßt nichts Angenehmes erwarten. In der Tat: Der widerliche Geruch nach faulenden Kohlblättern und die zählederige Beschaffenheit schließen seine Verwendung in der Küche aus. Trotz seiner zu den Ziegenbärten weisenden Form hat er systematisch mit diesen nichts zu tun. Korallengestalt kommt bei Pilzen ganz verschiedener Verwandtschaftsgruppen vor. Diese Erscheinung heißt Konvergenz; sie ist im Pflanzen- und Tierreich weit verbreitet.

Familie Gallertpilze Tremellaceae

Goldgelber Zitterling *Tremella mesenterica*
Okt.—Apr. 3—5 / 1—3 cm. — An feuchtliegenden Ästen und Zweigen von Laubhölzern. — Sogar mitten im Winter, wenn Tauwetter den Schnee zum Verschwinden bringt, erscheinen an abgefallenen Ästen und Zweigen von Buche, Erle, Weide und vielen anderen Laubbäumen leuchtend gelbe, gallertartige Gebilde, die nach Form und Beschaffenheit gar nicht an Pilze denken lassen. Beim Eintrocknen werden sie orangerot und hornartig hart, quellen aber bei Benetzung rasch wieder auf. Ein hauchfeiner Belag wie von Puder zeigt an, daß sich Sporen gebildet haben, und zwar an mikroskopisch kleinen Trägern, die in die Gallerte eingebettet sind. Im Sommer sind Zitterlinge viel seltener und allenfalls nach langen Regenperioden zu finden. Sie haben die gleiche Bedeutung wie so viele andere Holzbewohner, denn auch sie tragen zum Abbau toten Holzes bei.

Warziger Drüsling *Exidia glandulosa*
3—5 (—15) / 1—2 cm. — An Ästen und Stümpfen von Laubhölzern. — Gleichzeitig mit dem oben beschriebenen Pilz und wie er auf Laubholz finden sich schwarze, feucht glänzende Massen mit unregelmäßig welliger oder wulstiger Oberfläche. Beim Ablösen von der Unterlage sieht man, daß sie an Spalten und Rissen der Borke oder des Holzes herausgewachsen sind und sich von hier aus flach ausbreiten. Ihre Unterseite ist glatt, von olivblasser Farbe, wie der Pilz überhaupt, gegen das Licht gehalten, wie gefärbte Gelatine aussieht. Oberseits sind überall schwarze Punkte zerstreut, die sich unter der Lupe als Wärzchen erweisen. Ihnen verdankt der Pilz seinen Namen. Nach dem fettigen Glanz, der olivschwarzen Farbe und wohl auch wegen des plötzlichen Auftretens hat er in manchen Gegenden den Volksnamen Hexenbutter erhalten.
Auf unserem Foto ist noch ein weiterer Pilz zu sehen: der sehr häufige Striegelige Schichtpilz. Er gleicht ein wenig einem kleinen Porling; die Unterseite der reihig ansitzenden Fruchtkörper zeigt aber keine Spur von Poren, sondern ist glatt, während die Oberseite wie beim Birkenblättling gezont und mit einem striegeligen Filz besetzt ist.

An weiterführender Pilzliteratur für eingehende Studien stehen von der Franckh'schen Verlagshandlung Stuttgart zur Verfügung:
Haas/Goßner, „Pilze Mitteleuropas (Speise- und Giftpilze)“ aus der Reihe Kosmos-Naturführer
Haas/Schrempp, „Pilze in Wald und Flur“ aus der Reihe Bunte Kosmos-Taschenführer in gleicher Ausführung wie das vorliegende Bändchen.
Wir empfehlen außerdem:
M. Moser, „Die Röhrlinge und Blätterpilze (Agaricales)“ Bd. II b/2 von „Kleine Kryptogamenflora“ hrsg. von H. Gams, Vlg. G. Fischer, Stuttgart
M. Moser, „Ascomyceten (Schlauchpilze)“ Bd. II a (wie vor).
B. Hennig, „Handbuch für Pilzfreunde“ begründet von E. Michael, 5 Bände, Vlg. G. Fischer, Jena.
J. E. Lange und M. Lange, „600 Pilze in Farben“ BLV Verlagsgesellschaft, München.
J. Poelt und H. Jahn, „Pilze“. Sammlung Naturkundlicher Tafeln. Kronenverlag Hamburg.
„Die Pilze Mitteleuropas“. Gattungsmonographien: Täublinge von J. Schäffer, Milchlinge von W. Neuhoff, Schleimköpfe von M. Moser, Röhrlinge von R. Singer. Vlg. W. Klinkhardt, jetzt J. Cramer-Lehre
„Zeitschrift für Pilzkunde“, Organ der Deutschen Gesellschaft für Pilzkunde, Verlag J. Cramer-Lehre.

Familie Ohrlappenpilze Auriculariaceae

Holunderschwamm *Auricularia sambucina*
Okt.—Mai 5—8 / 4—6 cm. — An lebenden und abgestorbenen Holunderstämmen. — Der Pilz siedelt sich fast nur an älteren Holunderstämmen (*Sambucus nigra*) an. Die Pflanze ist in Europa weit verbreitet, der Pilz kommt aber nur in sehr wechselnder Häufigkeit vor. Offenbar braucht er Orte mit hoher Luftfeuchtigkeit wie etwa Waldschluchten oder stark beschattete Parkanlagen. Die eigentümliche Gestalt, nach der er auch Judasohr genannt wird, die rotbraune Farbe des außen rauhen, innen glatten, gänzlich zähgelatinösen Fruchtkörpers und der Wuchsort legen den Pilz so eindeutig fest wie wenige sonst. Interessanterweise gehört er im Fernen Osten zu den beliebtesten Speisepilzen und wird auch exportiert.

Familie Staubpilze Lycoperdaceae

Beschleierter Stäubling *Lycoperdon velatum*
Aug.—Okt. 3—4 / 4—5 cm. — In Laubwäldern auf gutem Humusboden, ziemlich selten. — Die Stäublinge sind unter dem Namen Boviste allgemein bekannt, Groß und Klein haben Spaß daran, sie zum „Pusten" zu bringen, wenn sie reif sind. Bei den birnförmigen Arten bleibt ein kurzer Basisteil erhalten, der nicht staubig wird. Das sind die Stäublinge im engeren Sinn. Zu ihnen gehört auch der Beschleierte Stäubling. Er ist durch eine weiße mehligflockige Außenschicht ausgezeichnet, die nicht mitwächst und darum in unregelmäßig eckige Stücke zerreißt. Die in den Lücken sichtbar werdende Innenschicht nimmt vorübergehend eine zartrosenrötliche Färbung an. Schließlich bleibt von den Flocken fast nichts mehr haften. Wenn die anfangs schneeweiße Innenmasse heranreift, werden Millionen von olivbraunen Sporen gebildet, die auf Druck samt den Fäden, an denen sie entstanden, durch eine fransige Mündung entweichen.

Hasenstäubling *Calvatia caelata*
Juli—Sept. 10—15 / 10—12 cm. — Auf Schafweiden, grasigen Hügeln, bevorzugt Kalkboden. — Der Hasenstäubling ist nach dem Riesenbovist der zweitgrößte unter unseren Stäublingen. Man bemerkt ihn schon von weitem, da er sich vor allem auf freiem, kurzgrasigem Gelände ansiedelt, aber nur selten in großer Zahl seine Fruchtkörper ausbildet. Dafür genügen schon zwei Stück pro Person, um daraus ein schmackhaftes Pilzgericht zu bereiten. Nur muß man sie vor Eintritt der Verfärbung sammeln. Von Schnecken angefressen saugen sie sich bei Regen voll Wasser, werden schwer und matschig. Die weiße, kleingefelderte Außenwand wird dann schmutzig gelb. Bei der Reife zerfällt sie in Stücke und gibt die Sporen frei. Das untere Drittel bleibt als poröser, braunen Rest stehen.

Familie Nestlinge Nidulariaceae

Gestreifter Teuerling *Cyathus striatus*
Juli—Okt. 0,8—1,0 / 0,8—1,2 cm. — Auf Holzresten, Stroh, sogar Lumpen, Karton und anderen Abfällen. — Der dunkelbraune Filz der noch geschlossenen Fruchtkörper macht die Teuerlinge schwer auffindbar, obwohl immer viele beisammenstehen. Wenn dann ein weißes Häutchen als Verschluß des Bechers sicht bar wird, entdeckt man sie leichter. Das Häutchen zerreißt bald; graue, linsenförmige Körperchen, die Peridiolen, werden sichtbar. Sie müssen zerfallen, damit die Sporen aus ihnen frei werden können. Die Innenseite der Becher ist artkennzeichnend gerieft. Ihr häufiges Auftreten in nassen Sommern kündigte schlechte Ernten und damit teure Zeiten an. So kamen sie zu ihrem Namen.

Auf den vorangehenden 27 Tafelseiten sind 100 Pilzarten abgebildet. Sie bilden ihre Sporen alle auf Träger- oder Ständerzellen (vgl. PWF Zeichnung S. 64) und gehören daher zur Klasse der Ständerpilze.
Auf den nachfolgenden 3 Tafelseiten sind 12 weitere Pilzarten abgebildet. Sie bilden ihre Sporen alle in Schlauchzellen (vgl. PWF Zeichnung S. 66) und gehören daher zur Klasse der Schlauchpilze.

Familie Erdzungenpilze Geoglossaceae

Rauhhaarige Erdzunge *Trichoglossum hirsutum*
Aug.—Okt. 0,3—0,5 / 3—6 cm. — Auf nassen Bergwiesen und in Rieden mit Sauergräsern, auch in vernäßten Waldlichtungen. — Weil ihm die geeigneten Standorte fehlen, ist dieser Pilz in vielen Gegenden selten. Die Keulen gleichen denen von Vertretern der Familie Keulenpilze. Dieses Ähnlichkeit beruht nicht auf Verwandtschaft, sondern auf Konvergenz, die schon am Beispiel der Stinkenden Lederkoralle erläutert wurde. Die Rauhhaarige ist von anderen Erdzungen durch die schwarze Behaarung am unteren, stielartigen Teil geschieden.

Sumpfhaubenpilz *Mitrula paludosa*
Juli—Okt. 0,6—1,2 / 3—5 cm. — An abgefallenen, durchnäßten Ästen, gewöhnlich in großer Zahl. — Der hübsche Pilz ist äußerst wasserbedürftig. Sein Myzel entwickelt sich am besten an Ästen, die im Wasser von Gräben, an Sumpfrändern oder in Waldmooren liegen. Hier wird er durch die orangegelbe Farbe der „Köpfchen" recht auffällig. Diese sitzen auf einem fast glasig erscheinenden Stiel. Es gehört schon einiges Finderglück dazu, um den Pilz aufzuspüren.

Familie Großbecherlinge Pezizaceae

Eselsohr *Otidea onotica*
Juli—Okt. 3—4 / 4—6 cm. — Im Laubwald, vor allem unter Buchen. — Der Pilz ist nicht selten und wegen der schönen Farbe auch leicht aufzufinden. Auch wächst er büschelig und in Gruppen. Wie alle bodenbewohnenden Becherlinge beteiligt sich sein Myzel an der Zerlegung der Humusstoffe, nicht aber an einer Symbiose mit Waldbäumen, der wir bei Röhrlingen und Blätterpilzen immer wieder begegnen und auf die in den Beschreibungen wiederholt hingewiesen wurde. Trotzdem sind viele Becherlinge Waldpilze, weil für sie nur die in den abgefallenen Blättern oder Nadeln und im verrottenden Holz der Äste und Wurzeln enthaltenen Substanzen eine geeignete Nahrungsquelle darstellen. Das Eselsohr ist übrigens als Speisepilz nur zu empfehlen.

Lederiger Öhrling *Otidea auricula*
Aug.—Okt. 3—4 / 5—9 cm. — An feuchten Waldwegen, mehr im Nadelwald, selten. — Eine Schar dieser besonders hübschen Öhrlinge an einem Waldfahrweg aufgereiht anzutreffen, gehört zu den unvergeßlichen, aber ebenso seltenen Erlebnissen des Pilzfreundes. Der Pilz ist wesentlich stabiler als andere Öhrlinge, was ja auch im Namen zum Ausdruck gebracht wird. Die Bevölkerung in den europäischen Ländern ist für ihre Ernährung nicht mehr auf das „Fleisch des Waldes", wie die eßbaren Pilze früher einmal genannt wurden, angewiesen. Trotzdem geht die Pilzflora ständig zurück. Luftverschmutzung, Waldverlichtung, Bodenverdichtung und nicht zuletzt das gedankenlose Herausreißen der Pilze sind daran schuld. Es wäre an der Zeit, auch die Pilze in die Maßnahmen zum Schutz der gefährdeten Pflanzen miteinzubeziehen.

Familie Großbecherlinge Pezizaceae

Umbrabrauner Öhrling *Otidea umbrina*
Aug.—Okt. 3—4 / 4—5 cm. — In Trupps auf schattigem Nadelboden. — Der Umbrabraune Öhrling zeigt nicht den ohrartig verlängerten Oberrand wie die beiden vorigen Arten. Dieser verläuft daher ziemlich waagrecht bis zu einer Stelle, wo er wie eingeschnitten aussieht, ein Kennzeichen aller Öhrlinge. Ist die Sporenreife erreicht, so genügt eine Berührung der Innenfläche, rascher Temperaturwechsel oder starke Belichtung, um das Ausschleudern einer Wolke blassen Sporenstaubes auszulösen. Am frischen Pilz läßt sich der Vorgang im Abstand von wenigen Minuten mehrmals wiederholen, da immer neue Schlauchzellen reaktionsbereit werden, um ihre acht Sporen auszuschleudern.

Blasiger Becherling *Peziza vesiculosa*
Mai—Okt. 5—7 / 6—8 cm. — Auf dungreicher Erde und Komposthaufen, in Gartenbeeten. — Der Blasige Becherling entwickelt sich an den geeigneten Plätzen manchmal in ganzen Nestern. Junge Exemplare beginnen rundlich blasig mit einer kleinen Öffnung. Die ockergelben Becher sind schließlich so dicht gedrängt, daß sie sich gegenseitig bei der Entfaltung hindern und sonderbar wellig verbogene, ineinandergeschachtelte Formen bekommen. Die Becherwände sind dick, sehr zerbrechlich wie Wachs und im Anbruch saftig. Wegen des gehäuften Vorkommens und der ansehnlichen Größe lohnt sich das Einsammeln, besonders da der Pilz an Orten wächst, an denen sonst nicht viele Pilze vorkommen.

Leuchtender Prachtbecherling *Caloscypha fulgens*
März—Mai 3—6 / 3—5 cm. — Scharenweise im Fichten- und Weißtannenwald auf Kalkboden. — Wie es der Name ausdrückt, gehört der Prachtbecherling zu den Schönheiten der heimischen Natur. Er ist zwar selten, kann aber an seinen Fundorten sehr zahlreich auftreten. Die Becher behalten lange ihre halbkugelige Form im Gegensatz zu denen des später im Jahr erscheinenden Orangenbecherlings (PWF S. 66), die bald flach anliegen. Die Außenseite zeigt eine charakteristische Olivtönung, die auf unserer Tafel gut erkennbar ist. Die mit aufgenommene Hohe Schlüsselblume (*Primula elatior*) bezeichnet die Jahreszeit. Von den Nadelbaumarten scheint die Weißtanne die geeignetste Nadelstreu für unseren Pilz zu liefern.

Familie Erdbecherlinge Humariaceae

Halbkugeliger Braunborstling *Humaria hemisphaerica*
Juni—Okt. 1—2,5 / 1—1,5 cm. — Feuchte Waldstellen, zwischen Laub und Holzabfällen. — Dieser Pilz ist nur einer von den vielen kleinen Becherlingen, die auch dem aufmerksam beobachtenden Naturfreund allermeist unbekannt bleiben, es sei denn, er macht sich die Mühe, alle feucht lagernden Äste im Wald umzudrehen, die Innenwand hohler Baumstümpfe quadratzentimeterweise abzusuchen, Fahrrinnen von Waldwegen und Ränder von Waldsümpfen langsam abzugehen, Wildlosung und Kuhmist unter die Lupe zu nehmen; nur so hat er Aussicht, die oft nur millimetergroßen Scheibchen in grau, gelb, weiß, rot, braun, violett zu entdecken. Zur Fundbestimmung gehört dann ein gutes Mikroskop und teure Spezialliteratur über Schlauchpilze (Ascomycetes). Forscher wie Rehm und Boudier haben mit bewundernswertem Fleiß schon vor 100 Jahren Tausende von Becherpilzen mikroskopiert, beschrieben und abgebildet und so den Grund zur Kenntnis dieser ungeheuer formenreichen Pilzgruppe gelegt. Wer sich mit ihr abgibt, hat wenigstens den Vorteil, keine Konkurrenten zu haben, die mit großem Pilzkorb und Küchenmesser ausziehen.

Familie Schmarotzerbecherlinge Sclerotiniaceae

Anemonenbecherling *Sclerotinia tuberosa*
Apr.—Mai 1—2 / 3—8 cm. — Auf den Wurzeln des Buschwindröschens (*Anemone nemorosa*). — Der Anemonenbecherling entspringt stets einem schwarzen, im Boden eingesenkten, bis 2 cm langen, elliptischen Körperchen. Es wird als Sklerotium bezeichnet. Das Myzel des Becherlings befällt als Schmarotzer die braunen Wurzelstöcke der Anemonen und bildet als Abschluß seines parasitischen Daseins ein dichtes, außen braunschwarzes, innen weißes Dauergeflecht, eben das Sklerotium, das nach der Überwinterung den langgestielten Becher treibt. Gewöhnlich sind mehrere benachbarte Pflanzen befallen; deshalb trifft man die Becherlinge zumeist in kleinen Gruppen an. Feuchte Talgründe und nasse Wiesen bieten die günstigsten Bedingungen. Der Pilz kann aber jahrelang ausbleiben.

Familie Kelchbecherlinge Sarcoscyphaceae

Zinnoberroter Kelchbecherling *Sarcoscypha coccinea*
Febr.—Apr. 3—5 / 3—6 cm. — Auf vergrabenen Laubholzästchen. — Mit seinem prächtigen Scharlach- oder Zinnoberrot ist dieser Becherling wohl der schönste Frühlingspilz unserer Flora. Waldtälchen mit Quellenaustritten und Erlenbestand sind bevorzugte Wuchsorte. Schon mit der Schneeschmelze beginnt der Pilz seine Entwicklung zum mehr oder weniger lang gestielten Becher, besonders auf Erlenästchen. Es hat den Anschein, als benötige er eine kalkhaltige Unterlage. Im Beobachtungsgebiet Südwestdeutschland trifft dies wenigstens für die bekannt gewordenen, weit auseinanderliegenden Fundplätze zu. Wer den Pilz entdeckt, möge ihn an Ort und Stelle belassen, um so zu seiner Erhaltung beizutragen.

Familie Lorchelpilze Helvellaceae

Grauer Langfüßler *Cyathipodia macropus*
Aug.—Okt. 2—3 / 4—6 cm. — Zwischen Laub, Ästchen, Kräuterstengeln, Wurzeln. — Dieser zierliche Pilz kommt meist nur zu wenigen vor. Er ist nicht einmal zu selten, wird aber wegen seiner grauen Farbe leicht übersehen. Im Jugendzustand würde man ihn nicht für einen Lorchelverwandten halten. Im Alter verflacht sich aber der Becher und wird mehr oder weniger wellig. Eine Verstärkung dieser Wellen zu Falten und Lappen ergibt dann typische Lorcheln wie etwa die Grubenlorchel (PWF S. 28), die zudem noch die gleiche Farbe wie der Graue Langfüßler hat. Dieser nimmt also deutlich eine Zwischenstellung zwischen Becherlingen und Lorcheln ein. Für Speisezwecke ist er wertlos.

Frühlorchel *Gyromitra esculenta*
März—Mai 5—8 / 7—10 cm. — In sandigen Kiefernwäldern. Unzubereitet gefährlich giftig! — Die Frühlorchel wird seit alters in Gebieten reichen Vorkommens eifrig gesammelt, auf Märkten verkauft, gekocht, getrocknet, eingemacht und als Delikateßpilz hochgeschätzt. Sie ist die Speiselorchel aller Pilzbücher aus alter Zeit. Und trotzdem hat der Pilz wiederholt tödliche Vergiftungen verursacht, und selbst mit ordnungsgemäß zubereiteten Lorcheln haben sich schwere Vergiftungsfälle ereignet. Als erwiesen gilt, daß gedörrte und in Gläsern sterilisierte Lorcheln nicht mehr giftig sind. Es ist auf jeden Fall größte Vorsicht anzuraten. Die Art ist leicht an den rotbraunen, gehirnartig gewundenen Wülsten des Kopfteils zu erkennen.

Verzeichnis der wissenschaftlichen Namen

Verzeichnis der deutschen Namen

Kosmos-Naturführer

Mit den KOSMOS-Naturführern fällt es jedem Naturfreund leicht, die verschiedenen Arten der vielfältigen Tier- und Pflanzenwelt zu erkennen und zu benennen. KOSMOS-Naturführer sind ideale Nachschlagewerke zu Hause und verläßliche Begleiter auf Wanderungen.

Aus der Reihe der KOSMOS-Naturführer stellen wir vor:

Pilze Mitteleuropas
Jeder Pilzsammler muß Speise- und Giftpilze der Heimat genau unterscheiden können.
Außer systematischen Angaben wird das Wesentliche über Bau und Leben gesagt und eine Anleitung zum Sammeln und zur Verwendung der Pilze gegeben.

Was wächst und blüht in meinem Garten?
Mit diesem Buch kann jeder aus seinem Garten ein Schmuckstück machen, denn alle gängigen Blütenstauden, Sommerblumen und Gehölze sind hier in Angaben über Blütezeit, Blüte, Blatt, Stand, Pflanzung und Pflege leicht überschaubar zusammengefaßt.

Das wächst und blüht in unserer Heimat
Das handliche Taschenbestimmungsbuch ermöglicht es, in kurzer Zeit die häufigen und auffallenden Pflanzen unserer Heimat zu bestimmen, das heißt ihre deutschen und wissenschaftlichen Namen zu erfahren. Kurzbeschreibungen weisen auf Besonderheiten der Pflanzen hin.

Unsere Moos- und Farnpflanzen
Schönheit, Eigenart und Bedeutung der Moose und Farne wurden in diesem Naturführer eingefangen. Nach der „Bilderbuchmethode" kann jeder die Pflanzen identifizieren und sich anhand der genauen Artbeschreibungen über ihre Eigenschaften informieren.

Welcher Baum ist das?
Tabellen zum Bestimmen der heimischen und eingeführten Holzgewächse Mitteleuropas. Dieser Band zeigt und beschreibt die typischen Merkmale der Arten in belaubtem und unbelaubtem Zustand, dazu die Winterknospen in 36 Fotos.

Ausführliche Informationen über die KOSMOS-Naturführer finden Sie in unserer Informationsschrift P 018, die wir Ihnen gerne kostenlos und unverbindlich zusenden.

Kosmos-Verlag, Franckh'sche Verlagshandlung
7 Stuttgart 1, Postfach 640